CB136125

À flor da pele:

histórias dos mundos por onde andei

Maria de Lourdes Siqueira

À flor da pele:

histórias dos mundos por onde andei

MAZZA edições

À FLOR DA PELE: histórias dos mundos por onde andei
Copyright © 2018 by Maria de Lourdes Siqueira
Todos os direitos reservados

Coordenação Editorial
Maria Mazarello Rodrigues

Coordenador da Coleção TeçaSeuCorpo
Edimilson de Almeida Pereira

Capa
Sylvia Vartuli

Foto de capa
Roberto K-zau

Revisão
Bruno D'Abruzzo

MAZZA EDIÇÕES LTDA.
Rua Bragança, 101 – Pompeia
30280-410 Belo Horizonte – MG
Telefax: + 55 31 3481-0591
edmazza@uai.com.br
www.mazzaedicoes.com.br

S617f Siqueira, Maria de Lourdes.
À flor da pele: histórias dos mundos por onde andei / Maria de Lourdes Siqueira.– Belo Horizonte: Mazza Edições, 2018.
136 p.

ISBN: 978-85-7160-702-6

1. Memórias. I. Título.

CDD: 929.2
CDU: 929

Estas memórias são dedicadas
a minha mãe, Albertina Moreira Siqueira; meu pai, Braulino
Ludgero Siqueira; minha professora e madrinha Filomena Catarina
Moreira; minhas madrinhas Carolina Moreira, Maria da Conceição
Trancoso Muniz e Laura Bayma; minhas tias Benedita e Nena Moreira, Isabel e Hermínia Siqueira; minhas médicas e a todas as mulheres
que em tempos de alegria ou de dor foram, para mim,
mães no sentido mais profundo.

A François-Marie de L'Espinay, amigo e conselheiro de sempre.

Diferenças não devem constituir fator de hierarquização;
a diversidade é uma riqueza.

Sumário

À guisa de prefácio

O manuscrito de *À flor da pele: histórias dos mundos por onde andei* chegou em minhas mãos acompanhado de um convite verbal da própria autora para escrever algumas palavras à guisa de prefácio ou apresentação à obra. Senti um certo desconforto no tom de sua voz ao pedir a um amigo que a preza muito para executar uma tarefa não tão fácil, tendo em vista a carga afetiva que atravessa nossas relações. Depois de cerca de quarenta anos de amizade cheia de respeito e consideração mútuas e também de liberdade, pela primeira vez senti que ela não estava confortável em me pedir um favor, o que provocou também em mim um sentimento de estranhamento.

Ao folhear o texto num primeiro contato, como costumo fazer, percebi que tinha apenas cerca de 130 laudas/páginas, o que me pareceu pouco, tendo em vista que se tratava de uma espécie de autobiografia de uma pessoa de muitas andanças na vida e no mundo; de uma das raras mulheres negras brasileiras de sua geração que derrubou a barreira racista do universo acadêmico monopolizado pelos homens, pelos homens brancos, para se tornar docente e pesquisadora respeitada.

Mas quando comecei a ler *À flor da pele*, no meu ritmo lento e reflexivo, fiquei, como se diz popularmente, de boca aberta. A sensação que tive era de que estava descobrindo uma amiga com quem convivi tantos anos sem conhecê-la realmente. À medida que progredia na leitura dos diversos momentos e fases de sua vida real, comecei a me dar conta da riqueza de sua complexa trajetória de vida permanecida oculta. O que no início achei pouco, em termos de quantidade, se tornou muito, em termos de qualidade.

Partindo de uma infância tranquila e feliz vivida no ambiente de uma família tradicional "extensa", marcada por laços de afetividade e de solidariedade e numa natureza generosa, ela vai pela estrada da vida, fora desse ambiente familiar, encontrar outros cenários sociais e construir novos mundos. Mundos repletos de surpresas, descobertas felizes e infelizes, de amizades e também adversidades. É da experiência desses mundos por onde andou nessa longa caminhada da vida que ela fala neste texto que considero um autorretrato falante.

No meio de tantas coisas presenciadas e vividas por ela, gostaria de relevar apenas um dos momentos adversos de sua vida, aquele marcado pela Ditadura Militar, quando ficou presa por nove meses e treze dias, submetida, como todas as pessoas presas naquele regime, às torturas físicas e morais. Diante desse triste passado, é de se perguntar como ela consegue manter permanentemente esse seu sorriso e riso brilhantes, esse humor alegre, que são traços de sua personalidade? Difícil entender como ela conseguiu superar esse passado obscuro que lhe foi imposto durante a Ditadura Militar em seu país. Como é que uma pessoa que passou por injustas atrocidades, sem se entregar e sem entregar seus companheiros e suas companheiras de luta, pode manter sempre uma postura de vida alegre em suas cotidianas relações sociais, sem ressentimentos e recolhimento perante a vida e o mundo? Como ela pôde permanecer essa mulher que anda com cabeça erguida e com ar de princesa até na maneira de se vestir e cujas gargalhadas fazem tremer as paredes?

No vilarejo onde ela nasceu e passou sua infância, Matões dos Moreiras, no município de Codó, Maranhão, a vida era diferente daquela que encontrou e viveu no resto do Brasil e no mundo por onde percorreu três continentes: América, Europa e África. Ela teve uma infância alegre no meio de uma família tradicional, extensa, na qual as relações de parentesco ainda fortes tinham um grande significado no processo de socialização. A natureza também era muito generosa para a economia de subsistência permeada pelas trocas comerciais com a sociedade global em volta; a solidariedade e a vida comunitária ditavam as regras de conduta de todos(as).

É desse vilarejo, ponto de partida da construção do seu processo identitário, que ela parte para descobrir o mundo em busca de sua interminável construção como maranhense, brasileira, mulher, mulher negra e cidadã do mundo. A estrada percorrida não foi aquela que ela teria imaginado na sua juventude inocente, pois encontrou nela flores e espinhos, coisas boas e ruins. Construiu grandes amizades entre homens mulheres de todos os lugares pelos quais passou no próprio Brasil e no exterior. Sem o desejar, a consciência política forjada nesse longo percurso de vida para um Brasil diferente em termos democráticos, a fez cair na malha fina dos chamados "inimigos" da nação brasileira pelo regime da Ditadura Militar. Essa história já conhecemos, mas as narrativas da própria autora revelam detalhadamente o que ela passou e que desconhecíamos, pois ela nunca abriu a boca para contar esse horrível pedaço de sua vida.

Raras são as pessoas que, como Maria de Lourdes Siqueira, têm força e vontade política para recomeçar e refazer a vida sem se curvar às perdas às vezes irrecuperáveis. Ela recomeçou a reconstruir a vida profissional destruída durante a prisão; recomeçou seus círculos de formação pós-graduada no país e no exterior; recomeçou sua atualização e aperfeiçoamento como pesquisadora e estudiosa da cultura e das questões "negras" no Brasil, com estágios na Inglaterra e na África do Sul. Da reciclagem intelectual livresca na School of Oriental and African Studies, braço da London University, ela seguiu para a África do Sul, onde realizou pesquisa de campo sobre os "Saberes ancestrais do grupo Tsonga-Shangani na vida cotidiana", pela UNISA (University of South Africa), localizada em Pretória, capital do país. Dois anos se passaram entre a London University (Inglaterra) e a UNISA, durante os quais não recebeu dos organismos brasileiros de apoio e fomento à pesquisa nenhum apoio financeiro em termos de bolsa de pesquisa no estrangeiro. Que fome de saber, que força, que fôlego, que sacrifício, tudo custeado apenas com seu salário de professora doutora, o que não era um grande salário!

Na sua vida de docente na academia brasileira, justamente na Universidade Federal da Bahia, ela não deixou de dar sua contribuição na formação de mestres(as) e doutores(as), principalmente no Programa de Pós-Graduação em Educação - FACED. Não foi por mera coincidência que quase a totalidade dos mestres(as) e doutores(as) por ela orientados(as) é de negros e negras, que sem ela não teriam a oportunidade de acesso ao Programa de Pós-Graduação numa época em que as políticas afirmativas para negros(as) e indígenas ainda não existiam. Sua consciência cristalina sobre os mecanismos racistas nos meios acadêmicos não pôde deixá-la indiferente diante da não representatividade de estudantes negros(as) nos cursos de graduação e pós-graduação.

Ela não ficou só na academia. Como boa militante do movimento negro e do movimento feminista negro, teve de aprender a dançar a valsa, isto é, a ter um pé à frente do Movimento Negro, no qual se forma a consciência política e se desenvolve estratégias de luta contra o racismo e as desigualdades raciais, por um lado, e outro pé na academia universitária, onde se formam especialistas, cientistas e pensadores da sociedade, por outro lado. Nesse longo percurso interminável, ou melhor, que termina só com a morte física, acrescentaram-se à sua identidade individual e familiar, construída entre os Siqueira e os Moreira de Codó, outras identidades políticas de luta, tais como a identidade negra e a identidade da mulher negra, ambas perpassadas pela religiosidade africana que ela aprendeu a viver no longo processo de sua vida, como comprova a "Saudação aos Orixás" com a qual encerra este seu *À flor da pele*.

Afinal, quem é Maria de Lourdes Siqueira, a professora Lourdinha como é carinhosamente apelidada? Atrás dessa figura humana sorridente, carinhosa, solidária e extremamente educada, mulher negra e intelectual, se esconde uma Maria de Lourdes que muitos não conhecem. Maria de Lourdes guerreira, injustiçada, resistente, persistente, discreta, humilde, combatente e grande personagem negra que este livro escrito do próprio punho ajuda a descobrir e melhor conhecer. Ao fazer essa descoberta, estaremos desenterrando outras Maria de Lourdes que o racismo à brasileira e a historiografia oficial colonial não nos permitiram conhecer.

Eu li e gostei. E acredito que outros(as) leitores(as) poderão se redescobrir com esse autorretrato da "nossa" querida Lourdinha e quem sabe, ainda, poderão ter a coragem e a iniciativa de se autorretratar também. O que parece uma história de vida individual ou privada pode se transformar em um retrato comum da luta coletiva das mulheres e homens negros(as).

Kabengele Munanga

Matinha – Terra de Pretos – Matões dos Moreira – Distrito de Codó – Maranhão

— Ô, Duú!

Ainda hoje ouço o chamado de vó Cesária, mãe de minha mãe, Albertina. Registrada Albertina Moreira Siqueira, minha mãe era filha de uma família tradicional de Novo Mundo, vilarejo pertencente ao município de Codó.

Meu pai, Braulino Ludgero Siqueira, era filho de uma família também tradicional de outro lugarejo próximo a Codó, Altamira.

Codó e seus extensos corredores de palmeiras babaçu, suas plantações de arroz e algodão, seu tambor da mata e a religião do Terecô,[1] principal referência geográfica da região.

Eles se casaram na igreja matriz de Santa Rita e Santa Filomena, em Codó. Naquele dia, minha mãe usava um lindo vestido de crepe de seda branco, véu e grinalda. Meu pai trajava um elegante terno branco, sapatos brancos e meias brancas, como convinha à ocasião. A recepção aos convidados teve lugar em casa

[1] Denominação de um dos ritos afro-brasileiros da cidade de Codó, no Maranhão, e Teresina, no Piauí, derivada do Tambor de Mina, de origem jeje.

de minha futura madrinha, Filomena Catarina Moreira – prima de meu avô materno, Abraão José Moreira –, com quem mamãe havia aprendido as primeiras letras e morou até se casar.

Terminada a festa, os amigos mais próximos partiram em cortejo, acompanhando os recém-casados até Altamira, depois seguiram para o sítio da Matinha (Terra de Pretos), nos Matões dos Moreira, um antigo quilombo habitado pela família. Ali eu nasci e constituí minha referência geográfica, familiar e de pertencimento étnico-racial-social-cultural-religioso. Tudo o que sou vem daquele lugar.

Junto com meus pais foram minha avó paterna, Maria Raimunda – Badêda, e suas filhas Bebé e Minoca. Minhas tias Maria Isabel e Hermínia viviam ali perto, em um arraial de nome Sobrado, cravado na entrada da Matinha.

Para quem vinha dos Matões dos Moreira, nossa casa era a primeira, vista de baixo. Ficava na entrada da Matinha, próxima a um pé de sapucaia que resiste até hoje. Quando chovia muito, formava-se uma lagoa na entrada, que era atravessada a nado, de balsa ou cocho.

Já quem vinha pelo Santo Antônio avistava primeiro a casa de Gonçalinho e um solitário pé de manga – ali minha mãe plantou dois pés de jaca para acompanhá-lo. Para chegar à Matinha, atravessava-se um igarapé, afluente do Codozinho, e o Poço do Gonçalo. Vivíamos cercados de árvores e águas.

O terreiro era como chamávamos a área defronte das casas. O nosso era imenso, permanentemente iluminado pelo clarão da lua. A frente da casa também era ampla. Ali ficavam a quitanda e o salão de entrada, onde todos eram recebidos em uma mesa grande, ladeada por bancos longos, largos, feitos de madeira maciça. Alguns ainda se sentavam em tamboretes apoiados em tripés de madeira. Os visitantes demoravam o tempo de que dispunham para simplesmente conversar um pouco ou buscar ajuda para algum problema.

No mesmo ambiente ficava a máquina de costura de minha mãe – ainda me lembro do *tec, tec, tec* produzido pela agulha, enquanto ela cantava:

Tão longe, de mim distante/ onde irá, onde irá teu pensamento...

Ao lado do salão ficava um quarto espaçoso, com uma cama e ganchos para fixar redes. Atrás do quarto, o quintal dos fundos, que era diferente do terreiro. Nele, canteiros suspensos construídos sobre forquilhas nos forneciam os temperos para preparar a comida: cebolinha, coentro tapuio, coentrinho, tomate, couve. No chão, as plantações de ramas e frutas.

Minhas primeiras lembranças daquele lugar ardentemente ensolarado dão conta de um intenso movimento de pessoas circulando de lá para cá o dia todo.

O dia começava cedo para crianças, jovens, adultos e idosos. Quebrar coco, buscar água na fonte, lavar roupa no riacho, pilar o arroz, catar o feijão. Era tudo muito bonito. Antes de sair de casa para a lida no mato, que durava o dia inteiro, o costume era tomar um café com bolo frito, cuscuz e beiju.

A quitanda de meu pai era parada obrigatória na volta para casa, no fim da tarde, quando se trocava o babaçu por um pouquinho de açúcar, café, sabão, querosene. Havia duas balanças: uma maior, para pesar o babaçu, e outra pequena, destinada às mercadorias. Anos depois, durante as aulas de conscientização ministradas no MEB,[2] me vali algumas vezes desta cena para ilustrar a desigualdade nas relações comerciais existente já naquela época.

Além da quitanda, meu pai tinha uma bela criação de bodes e cabras, que ocupava o terreiro de nossa casa ao cair da noite.

Também era grande a amizade que marcava as relações entre parentes, compadres, comadres e vizinhos mais próximos e distantes, naquele começo dos anos 1940. Vivíamos tempos de escassez, nas entressafras e quando faltava chuva. Quando chegava a época de plantio, o trabalho coletivo dava conta de todas as etapas do roçado. Havia mutirões e troca de dia até a colheita.

A mesma solidariedade se estendia à construção das casas, em especial para o dia da cumeeira, quando o dono preparava uma "boia", que podia ser feijão, carne de porco, galinha ou uma caça qualquer. Eram animadas essas trocas. Tudo se transformava em uma grande festa em torno das refeições coletivas.

Na Matinha todos viviam da lavoura e da quebra do coco babaçu. Algumas mulheres quebravam até 16 quilos por dia. O passadio era peixe pescado no Codozinho ou carne de caça, bode ou porco – estes dois criados em casa. Não se vendia o porco. Só se matava para a própria família comer ou servir aos parentes e vizinhos.

Em cada lugar tínhamos um parente. No Novo Mundo, onde minha mãe nascera, viviam meus tios-avós maternos: João Moreira, um dos homens mais elegantes com quem convivi, e

---

[2] Criado em 1963 pela Confederação Nacional dos Bispos do Brasil (CNBB), o Movimento de Educação de Base (MEB) – ao qual a autora pertenceu –, se destinava a alfabetizar, conscientizar e organizar adultos do campo.

tia Isabel com os filhos Eleazer e Filizolinda, moravam em um lugarejo chamado Marajá; Saturtino Moreira, em Santa Maria, perto de meu tio-avô Manuel Moreira – outro que primava pela elegância – e tia Josefa, pais de Maria do Carmo, mãe de Josefina, minha afilhada; Manuel Moreira, em Santa Maria, e seus filhos, Santo e Sebastiana, no Poço Bonito, onde também morava Sebastiana, mãe de meu afilhado Mário Sérgio, hoje diretor da Escola Quilombola de Santo Antônio dos Pretos. Ainda para os lados do Novo Mundo, no Tagibaquara, ficavam tia Filomena (Sá Fulô) – irmã de minha mãe –, Raimunda e Ceci, respectivamente filha e neta de Sá Fulô.

Tia Almerinda Bayma Moreira morava no Barro Vermelho, de onde se mudou para o lugar hoje denominado Quilombo de Santo Antônio dos Pretos. Moça muito negra, linda, ela havia sido educada junto com minha mãe em casa de dindinha Filomena, onde se tornou professora. Ali também vivia tia Naíde.

No São José do Novo Mundo, hoje São José de Antônio Doca, encontrávamos tia Nena Moreira e S. Antônio Doca, pais de Chico Serra, Laudelino, Maria Raimunda (Tetê), Maria e Zequinha, primos-sobrinhos, amigos fiéis. De Zequinha, guardo uma lembrança generosa:

— Vim lhe buscar – tranquilizou-me aquela voz enquanto eu desembarcava no quilômetro 17, noite escura, para acompanhar as últimas horas de tia Benedita.

Lembro-me ainda de outras pessoas próximas, como dona Mocinha, dona Cota, dona Pulquéria e dona Romana, que viviam na Matinha. E do senhor Simplício e de dona Conceição, que moravam em um lugar de nome Escondido.

Já mais tarde, casado com Nhá Eduarda, meu avô Abraão foi morar em São Joaquim. Em seus últimos anos de vida, minha avó Cesária viveu nos Matões, entre os filhos Albertina, Lucas Costa, Valério e Germano. Valério e Lucas moravam no São Raimundo – o primeiro com sua primeira esposa, Justina; o segundo com Dona Sabina e seu filho Raimundo Costa, de quem minha mãe cuidou como se fosse seu filho e que, mais tarde, se tornaria pai de Leonor, a Lelé, e Lucas Neto, o Luquinhas, primos-sobrinhos queridos.

Minha mãe era conhecida por resolver tudo naquele lugar, como lembra minha irmã Teresa Moreira, Teresinha, por diversas ocasiões. Se alguém adoecia, ela logo fazia uma junta. Todos se movimentavam para providenciar uma maneira de levar o doente à vila, fosse de animal, fosse na rede. Quando esta era a única opção disponível, colocava-se uma travessa forte de um lado e de outro e um grupo de homens se revezava até encontrar algum lugar onde houvesse esperança de cura.

Eu e Teresinha nascemos no mesmo sítio e nos criamos juntas até os cinco anos. Sua mãe, a quem eu chamava de Mãe Kilara, foi minha "mãe de leite". Minha mãe, por sua vez, era madrinha de Teresinha, que, anos depois, se casaria com meu tio Nina (Bernardino Moreira). Hoje, ela mora no Santo Antônio e é apaixonada pelos Encantados,[3] pela Pedra, pela Firma, pelo salão e pelas famílias que ficaram. Tem sua roça. Planta arroz, feijão e mandioca, faz farinha e cria bodes e galinhas. É uma espécie de "rainha" do lugar, por ajudar a todos que precisam.

---

[3] Entidades sobrenaturais de origem indígena, pertencentes ao folclore brasileiro; de acordo com a mitologia Kalankó, seriam ancestrais que, após morrerem, se tornam parte da natureza.

A casa de tio Valério, no São Raimundo, vizinhança dos Matões dos Moreira, era uma visita à parte. A construção era de barro de sopapo e coberta de palha de palmeira babaçu. Logo na entrada ficava uma sala grande, com tamboretes encostados ao longo da parede. Ao lado, outra sala, na qual um móvel se destacava por abrigar potes abastecidos com água e copos de alumínio que brilhavam de tão bem areados. Entrando pela casa, havia uma despensa que guardava os mantimentos comprados no Capinzal: sal, sabão em barra, café, querosene. Mais adiante, chegava-se à cozinha, equipada com um fogão de barro a lenha, com trempes para cozinhar nas panelas de ferro. Colheres de pau temperavam a comida, que saboreávamos em cuias. Em um jirau de madeira eram lavados os utensílios.

Prima Maria José, filha de Indé, fala-nos longamente das memórias do São Raimundo, onde viviam, e ainda lembra que *o quintal era muito grande e acomodava plantas, frutas e verduras. Havia de tudo – batata-doce, macaxeira, pimentão, tomate, pimenta -malagueta, banana-prata, maçã, goiaba, jaca, laranja, lima, limão, manga, caju. Dos pés de coco babaçu com cachos eram extraídas as cuias. O galinheiro também ficava ali. Ultrapassada a cerca do quintal, chegava-se ao açude, que chamávamos de "quinta". Depois dele, o caminho ia dar no poço, já nos arredores da casa do irmão Lucas. Ao lado da casa, o fumeiro. Nas matas ao redor, jatobá, grapel, murta, maçaranduba, ingá, pitomba, urucum e tucum, frutas que a natureza não permitia cultivar em casa.*

À noite, logo após o jantar, fazia-se uma fogueira e assava-se batata, macaxeira, abóbora. Enquanto se conversava e comia, o fumo estalava. Servia-se também melancia – às crianças era aconselhado não exagerar na fruta para não correr o risco de molhar a rede ou a esteira durante o sono. A sobra de comida era colocada ao pé das árvores.

Chegada a hora de dormir, cada um tinha a sua trouxinha com uma esteira e panos para cobrir. Tudo era estendido numa sala grande, para acomodar tanto os moradores como quem estava de passagem. As camas eram armadas com quatro forquilhas de madeira e talos, sobre as quais eram colocados colchões feitos de palha de arroz, forrados de chita ou riscado. Do lado de fora da casa, havia um terreiro onde ficavam os animais – bois, vacas, porcos, jumentos e cabras. Entre a casa e a roça corria um riacho.

A cada ano, era preciso escolher um lugar diferente para "botar a roça". Depois, vinham as etapas de preparação do roçado – capina, coivara, plantio, capina novamente e, finalmente, a colheita do arroz, feijão, milho, tomate, fava, melão, croá, junça, caninha.

O arroz era descascado no pilão. Levadas para a roça, as crianças ficavam no paiol. Junto com as mulheres, elas se ocupavam da quebra do coco babaçu. Mas nem tudo era trabalho ali. Eram muito comuns as festas e passeios.

Indé era muito sociável e, graças a seu temperamento festeiro, tinha muitos amigos, vários deles compadres. Ao todo, chegou a reunir mais de trinta afilhados, que o tratavam com igual respeito. Em sua casa, ou em qualquer outro lugar onde ele estava, não se chegava assobiando. Tirava-se o facão da cintura – a arma que auxiliava o camponês a se defender de animais e a abrir caminhos – e o chapéu e curvava-se a cabeça para tomar a bênção. Na Semana Santa, todos vinham até ele para serem abençoados pelo padrinho. Lembro que Indé andava em um cavalo selado e, ao ter sua chegada anunciada nas festas, a banda de música parava para saudá-lo.

Para cada época do ano havia uma festa. E os jovens pediam aos pais para comprarem um vestido novo, uma sandália japonesa ou um chinelo de couro. A moda na época era o estilo "volta ao mundo", costurado com gabardine. Guardava-se parte do dinheiro da quebra do coco especialmente para as festas, quando chegava a hora de se divertir, dançar e paquerar.

Comia-se bolo frito de arroz com chocolate. Às crianças, adolescentes e jovens não era permitido tomar bebidas alcoólicas. As festas duravam até de manhã, quando todos já tinham os pés empoeirados.

Nos fins de semana, com a trouxa na cabeça, íamos lavar roupa e tomar banho no riacho ou brincar no açude. Domingo à tarde, saíamos de casa em casa para rever parentes e amigos.

Na seca, quando levantávamos bem cedo – às vezes, às duas da manhã – para recolher a água barrenta que minava em pequenos filetes no fundo do poço, muitos de nós partia em procissão levando imagens de santos e pedras na cabeça, para pedir chuva. O boi era uma festa diferente. Sobre as cabeças, os brincantes punham chapéus de palha ornados com fitas longas, coloridas, que iam até os pés. A roupa também era padronizada e todos tinham suas próprias fantasias. Tinha Catarina, Pai Francisco, a burrinha. Na festa do Divino Espírito Santo, embora fosse uma celebração religiosa, a alegria era a mesma. Depois da reza, eram servidos chocolate e café com bolo frito. Cada pessoa tinha sua noite. Na última delas, o mastro era derrubado, sempre em casa de dona Cota e senhor Raimundo, padrinhos de Bené.

Aqui preciso abrir um parêntese para falar de Bené. Ela é outra preciosa amizade da infância que conservo até hoje. Filha de Beneditinho e Joventina, era a caçula de seis irmãos – Domingos, Lé, Moça, Edson e Cecília. Diariamente, íamos juntas para a roça e ficávamos brincando no paiol. Depois que sua mãe a deixou, pouco a pouco se foram também os outros membros da família. Restaram Bené e Domingos, o irmão mais velho, que se mudou para o Pará, onde também veio a falecer.

Após aqueles primeiros anos de convivência no São Raimundo, eu e Bené nos separamos. Nosso reencontro se deu algum tempo depois, em Codó. Lá, voltamos a frequentar a escola juntas e, nos fins de semana, nos encontrávamos para conversar na esquina da Rua das Flores. Ela ia à casa de dindinha Filomena, lanchávamos e fazíamos planos de nos mudarmos dali. A vida, no entanto, nos reservaria caminhos diferentes e passamos muitos anos sem ter notícia uma da outra. Até que um dia, quando já morava na Bahia, voltei a Codó e, lá, o senhor Benedito Valter Santos me deu o endereço de Bené. Foi aí que soube que ela havia partido para São Luís, de lá para Brasília e, finalmente, para os Estados Unidos, onde mora há mais de vinte anos – hoje é uma cidadã norte-americana de fato e de direito.

Bené tem uma história bonita, de muito trabalho e uma fé inquebrantável em Deus. Quando rompemos o silêncio, tanto tempo depois, a alegria foi imensa. A partir daí, não nos desligamos mais. Em 2013, passamos o Carnaval na Bahia, no Ilê Aiyê, e em seguida viajamos para o Maranhão.

Recordo-me ainda de outros costumes de nossa infância, como o de olhar as arapucas quando terminava o trabalho na roça.

A diversão era correr logo para ver se em algumas delas havia juritis, nambus, pés-roxo, ciricoras, todas elas aves do mato, excelentes quando acompanhadas de arroz branco e cuxá – verdura só encontrada no Maranhão –, que compartilhávamos com os vizinhos.

A lenda de João Paulino mexia com a nossa imaginação. Acreditava-se que o personagem era um homem negro, alto, que acendia uma fogueira no terreiro e lá passava a noite inteira. Diziam que em dado momento ele se transformava em algo que ninguém ousava suspeitar o que fosse. Notava-se apenas a passagem de um vulto, que não era mais João Paulino. Em meio a essas crenças, construíamos o universo que nos cercava.

A região onde nasci e vivi meus primeiros anos também era rica em tradições.

De acordo com Teresinha Moreira, o Terecô era uma ocasião especial para todos nós. Por vezes, as festas – realizadas nos dias 6 de julho e 12 de setembro, em homenagem a Nossa Senhora do Rosário e Nossa Senhora de Nazaré, respectivamente, às quais fazíamos promessas – duravam três dias, com muita reza e comida. Dela participavam adultos e crianças.

A dona do terreiro era Mocinha de Gonçalo, responsável pelo Terecô da Matinha. O encantado de Mocinha era Alegância. Além deste, havia outros, como Corisco, Cruzeiro, Teimosia, Ministro, Vovó Sinhá, Zezinho Estrangeiro, Zé de Oitá. Quando dona Mocinha se foi, a tradição seguiu no salão de tio Nina e seu encantado Menino Santo.

Tio Nina fazia questão de só entrar na roda quando o tambor dava partida para a festa. Lembro-me de um canto que era comum nessas ocasiões:

Acode eu, mana Bertina/ me toma da mão de Nina/ Acode eu, me toma da mão de Nina/ acode eu, mana Bertina.

Quando Menino Santo chegava, era tio Nina quem cantava: *Dá um laço na toalha/ dá um laço na toalha.*

Com a mudança de tio Nina da Matinha para o Santo Antônio, o salão caiu. Ele, então, ergueu outro, no Santo Antônio dos Pretos, e a tradição prosseguiu.

Eram muitos os encantados da Matinha e do Santo Antônio dos Pretos – Ativorô, Cacamadô, Chaveiro de Mina, Colin Maneiro, Ferro e Fogo, Ferreirinha, Maria Bárbara, Senhor Angacin, Minha Joia, Moça de Bárbara, Porteiro, Príncipe Lua, São Domingos, Sá Lubrina, Vovó Sinhá (mãe de Menino Santo), Zé de Graça Lira e Pai Nanico. Alguns de que me recordo agora.

— Eram eles que curavam quando alguém adoecia – diz Teresinha.

Teresinha, antiga coordenadora do salão, ainda lembra:

— No quilombo de Santo Antônio dos Pretos há uma firma, uma pedra encantada, que é sagrada. Bem no fim do povoado fica o salão-barracão-terreiro, lugar dos encantados, ancorado por essa pedra, a mina do lugar. É ela que demarca o território da ancestralidade e da espiritualidade africana e indígena, que ainda reina naquele lugar entre seus poucos remanescentes: Concita, Teresa, Suzete e Eralda, a filha do seu João Palácio.

Seu João Palácio foi casado com tia Almerinda. Ele carregava Ativorô, um dos "donos" do lugar, para todo lado. A pedra o ajudava a tomar as decisões de que precisava. Um dia, Gonzaga deu a pedra a Bernardino, que não pôde ficar com ela e a devolveu ao Santo Antônio. Em seguida, Domingas, filha de Gonzaga, fez o mesmo com Agostinho Machado, que também preferiu devolvê-la ao salão. Antônio Barbosa foi o próximo a repetir o gesto. Ficou claro que a pedra deveria ficar mesmo no Santo Antônio. Depois disso, ela esteve com Irene, que faleceu, e passou às mãos de Wanda, filha de Ana.

Os encantados tradicionais de Santo Antônio vêm ver o seu povo nas festas tradicionais, em homenagem a Santa Bárbara, Santo Antônio e Nossa Senhora das Vitórias. Hoje, a propósito, vem gente de todo lugar para participar – de Coroatá, Teresina, Caxias, Bacabal, Bom Jesus, Paratinga, Santo Agostinho e Codó. Chegam de ônibus. É muita gente e muita comida. A comunidade se reúne, contribui e, no fim das festas, redistribui o que não foi consumido entre os povoados vizinhos.

Um dos convidados de honra é Bita do Barão, que vem todos os anos em 13 de junho, dia de Santo Antônio. Ele é parte da história de Santo Antônio dos Pretos. Outro que estava sempre presente era Ivan Quilombo, liderança do Centro de Cultura Negra do Maranhão, o CCN, que tinha prazer em cumprir as obrigações com os encantados.

Quando tio Nina partiu, Teresinha casou-se com seu Borges. Viúva pela segunda vez, ela fez questão de celebrar a passagem do companheiro como as tradições pedem. No velório do Santo Antônio, o salão estava rodeado de bancos de madeira e uma mesa com sete velas acesas marcava o ponto de partida para o ritual. Aos poucos, filhas, filhos, netos, bisnetos, parentes, vizinhos e amigos foram ocupando os lugares. No centro do salão, mais de 70 velas foram acesas no chão. O formato desenhado lembrava a última vez em que foi visto aquele que se foi. Quando o rezador, Sr. Domingos Moreira, parente da família, chegou, cantigas e rezas tradicionais passaram a ser intercaladas com cantos próprios, repetidos até dez vezes. O povo respondia aos refrões, enquanto vinha saudar Teresinha.

Terminada a cerimônia, um banquete foi oferecido pela família. Havia galinha de quintal no leite de coco, unha de boi, carne de porco guisada, peixe seco no leite de coco, bode no leite de coco e feijão temperado com carnes (pé e orelha de porco) defumadas. No almoço já havia sido servido sarapatel de vísceras de porco, fava, galinha de quintal e peixe fresco do Codozinho.

— Borges era farto. Ele gostava de oferecer comida. Ninguém saía de nossa casa sem comer – lembrava Teresinha.

Seu Borges foi transportado para Ingarana, onde nascera e pedira para ficar após sua partida. Lá mesmo foram marcadas as próximas cerimônias para lembrar sua memória, daí a 15 e 30 dias.

Naqueles dias, decidi permanecer algum tempo em Santo Antônio dos Pretos, para rever parentes e amigos, visitar o terreiro, as escolas, a ponte, o rio. Em uma de minhas andanças, num pequeno cercado descoberto, sobre uma pedra quase retangular, a água corria de uma pequena fonte artificial. Entre os pingos d'água via-se toda sorte de expressões da natureza, naquele espaço a céu aberto – um banho de paz com água pura, naturalmente aquecida.

O céu era o limite de um azul cristalino, turquesa, pintado de nuvens brancas irregulares, com formatos os mais diversos. Natureza viva, resplandecente, povoada de árvores frutíferas – mangueira, cajueiro, mamoeiro, laranjeira, limoeiro, tamarineiro, bananeira – pés de cana-de-açúcar e mandioca, raízes de abóbora e leguminosas (quiabo, maxixe, vinagreira, ramas de cabaça). Os galos cantavam articulados numa sonoridade tão velha, tão conhecida, tão minha...

À noite, no quintal, estrelas milenares alumiavam o espaço. Eu levantava a cabeça para contemplá-las – centenas delas, tão vivas, nos faziam companhia.

Na frente da casa de Teresa fica o arraial, o povoado de casas cobertas de palha, muito poucas com telhado. O arraial tem duas fileiras de casas, uma em frente à outra. Em todas as portas havia pessoas sentadas em cadeiras, bancos, tocos, cepos, reunidas para conversar, ver o povo passar entre os que chegam e os que vão pela estrada afora.

Hoje, o único meio de transporte – um caminhão com carroceria coberta de lona ou emborrachado, com longos bancos de madeira de cada lado – passa duas, três vezes ao dia. Dentro dele, ninguém se incomoda em se misturar com porcos, galinhas, bodes, sacos de farinha. As crianças são consoladas do seu choro amamentadas por suas mães.

Em Santo Antônio dos Pretos ainda existem e resistem famílias tradicionais, dos tempos da Terra de Pretos, da Terra dos Encantados, dos remanescentes dos antigos moradores, hoje denominados quilombolas. Há uma escola bem moderna no centro do povoado, a mesma velha e pequena escola onde se iniciou a educação formal no lugar.

Na Matinha, vivi até os cinco anos de idade, quando minha mãe teve a sublime coragem de pedir a minha tia Bebé Siqueira, irmã mais velha de meu pai, que me trouxesse para a vila e me deixasse aos cuidados de dindinha Filomena. Ali tudo começou.

Codó

Uma das hipóteses para o nome Codó relaciona a antiga vila, elevada à categoria de cidade em 16 de abril de 1896, a um utensílio indígena: o dardo, uma pequena lança usada na caça. Foram os índios, a propósito, seus primeiros habitantes, que viviam entre montes, ribanceiras, vales, veredas, riachos e igarapés, cercados de pedras brutas e lascadas e da paisagem do cerrado. Muito tempo depois, se juntaram a eles jejes, fanti-ashanti, bantos e malês, vindos da Nigéria, Daomé (atual Benin), Angola e Moçambique. Em 1873, a população negra em Codó era de 6.550 africanos escravizados, que criaram diversos focos de luta contra a exploração nas casas de engenho e nas frentes de trabalho e para enfrentar a violência da senzala. Dezenas de entidades negras de resistência se constituíram ali.

O rio que corta a cidade é o Itapecuru – ou púcaro de pedra –, que recebe as águas de seu afluente maior, o Codozinho.

Hoje moram em Codó cerca de 120 mil pessoas. O calor é intenso na maior parte do ano e as chuvas são frequentes de janeiro a abril. Em alguns meses do ano, um vento frio torna o clima mais ameno, como na noite de São João, em junho, quando as fogueiras animam a festa.

A entrada para Codó se dá por uma estrada ladeada de palmeiras de coco babaçu, até chegar a uma pequena vila. O Km 17 indica que, após 17 quilômetros, chega-se à cidade de Codó, onde duas torres – a da Igreja de São Sebastião e a chaminé da antiga fábrica Manufatureira-Agrícola de Codó – são avistadas.

Lembro como se fosse hoje. Era minha primeira viagem, levada num burrico, por minha tia Bebé.

Antes de minha "chegada", minha madrinha Filomena Catarina Moreira havia tido o cuidado de mandar para os Matões, num pequeno baú, um enxoval completo para me vestir lá na Matinha. Minha mãe e eu guardamos este bauzinho por muito tempo. Para mim, tudo era diferente. Era bom conhecer outro lugar, outras pessoas. Dindinha cuidava de mim, me protegia, exigia que eu me empenhasse nos estudos e na organização pessoal.

Ela nasceu em 25 de novembro de 1886, dois anos antes da abolição. Estudou na Escola Normal do Estado do Maranhão, que lhe concedeu o diploma de professora em 1905, um capítulo importante da história de Codó. Afinal, a primeira normalista da cidade era a filha de Carolina Moreira (dona Calu), africana escravizada. Ao compromisso assumido, dindinha respondeu com dignidade e competência, formando gerações da intelectualidade maranhense de seu tempo, que, mais tarde, se tornariam médicos, engenheiros, sacerdotes, professores, operários da construção civil. Uma de suas alunas foi a doutora Maria Aragão, médica filiada ao Partido Comunista Brasileiro, ativista de movimentos sociais, que hoje dá nome ao maior espaço público para eventos erguido em uma área nobre da capital do Maranhão.

Dindinha morava em um casarão na Rua Antônio Alexandre, número 1.560, entre a igreja matriz e o Itapecuru, que passara à família em 1908. Sua fachada horizontal guardava um labirinto feito de amplos e diferentes espaços, articulados entre si. Recordo-me das enormes chaves que trancavam a porta da rua e algumas das dependências da casa. Ali, ela ensinava das primeiras letras até a quarta série primária.

A entrada se dava por dois longos corredores, forrados por pedrinhas que formavam losangos, como lembra padre Ribamar Carvalho, que ali também estudou. Um portão muito alto separava o primeiro do segundo corredor, onde chamavam:

— Ô de casa!

Logo alguém vinha abrir e dava passagem ao segundo corredor, que terminava na varanda da casa, ampla, com mesa e cadeiras usadas durante as refeições. Nas laterais de ambos os corredores se abriam grandes salões, as antigas salas de aula da Escola César Brandão.

Ao deixar a varanda, entrava-se em um amplo espaço que chamávamos "quarto comprido", onde se viam grandes baús de pregaria, entre os quais o "baú da Tia Sátira". Caminhando, se chegava numa despensa larga, com prateleiras. Depois vinha a cozinha, com um grande fogão a lenha, ladeado por um forno, cujo bojo se projetava para o primeiro quintal. Havia naquela casa três quintais grandes – o último deles chegava a um quilômetro de extensão e dava numa rua paralela a Antônio Alexandre.

No primeiro quintal ficava, além do bojo do forno, um poço largo e profundo e canteiros suspensos em forquilhas, nos quais se colhia coentrinho, cebolinha, tomate e couve. Para chegar ao segundo quintal, era preciso atravessar uma cerca feita de bambu, de onde se avistavam galinhas, porcos, patos e dezenas de árvores frutíferas – limão, laranja, laranja-da-terra, manga espada, manga rosa, mamão e, mais recentemente, romã. Tajás, girassóis e um pé de laura-rosa coloriam o espaço.

O terceiro quintal era uma roça na qual se plantava toda sorte de cereais e legumes – milho, fava, feijão, quiabo, abóbora, vinagreira, maxixe e macaxeira (aipim). E frutas como banana, ata (pinha), melão e melancia.

Um de meus passatempos prediletos era a colheita. Calçávamos tamancos e cada uma de nós levava uma cesta de taboca ou de bambu. As atas eram um espetáculo à parte. No período imediatamente após as grandes chuvas, as dezenas de pés ficavam carregadas. Muitas das frutas rachavam antes mesmo de amadurecer. Depois de colhidas, eram delicadamente tratadas. Púnhamos algodão nas rachaduras para evitar mosquitos e para que não azedassem.

As frutas e legumes eram dispostos na despensa, após o tratamento conveniente que cada espécie merecia. Pendurava-se os cachos de banana em ganchos.

Todo mês, tomávamos um purgante de sulfato de sódio, de sabor bastante desagradável, tirado da laranja-da-terra, descascada e dividida ao meio. Com a casca se fazia o meu doce preferido, o doce da casca da laranja, cortada em quatro pétalas, em forma de trevo, e cristalizada.

A mesa era farta. Além da colheita própria, recebíamos muitos mantimentos, trazidos pelos filhos e filhas de parentes, que vinham do interior – pode-se imaginar a dificuldade que era estudar naquela época, ainda próxima dos últimos anos da escravidão – para ser alfabetizados. Assim, todos contribuíam para a manutenção da casa. O fato de trazer um produto da casa de um dos familiares não dava o direito de exclusividade, tudo era repartido por uma pessoa mais velha e oferecido a todos. O ambiente era cercado de afeto, de aconchego e de muitas lições.

Ali também se faziam doces secos, peta – um polvilho feito à base de tapioca –, azeite de coco, manuês de milho, cocadas. Os doces e geleias de frutas (caju, goiaba e banana) eram preparados em imensos tachos de cobre. O manuê era feito com milho verde ralado, peneirado, temperado com açúcar e azeite de coco babaçu, levado ao forno em forminhas de lata. Tudo à perfeição. Os sabores da casa eram reconhecidos em toda a cidade. Maria Ruth Zaidan Drumond é quem lembra:

— Aguardávamos as duas horas da tarde para comprar os doces da casa de dona Filomena, depois de dona Albertina – dos tabuleiros vinham "trocados" que também contribuíam para manter a casa.

Às nove da manhã e às duas da tarde era servida uma merenda. Podia ser uma tigelinha de farinha d'água com açúcar, um chibé, uma banana com farinha, um pedaço de melão ou melancia. Todos ganhavam o seu tanto, sem distinção.

O banheiro e a sentina[4] ficavam no quintal. Durante a noite, quando precisávamos ir até lá, o medo era grande. O perigo de a lamparina ser apagada pelo vento e nos vermos obrigados a voltar correndo na escuridão nos apavorava. Falava-se em "almas de outro mundo", das quais todas as crianças nutriam um temor profundo.

---

[4] Vaso sanitário.

De um lado da casa de dindinha, morava madrinha Basinha, seu Nena e madrinha Deusinha, que educaram minha comadre Raimunda Isa, esposa de meu compadre Tomé Silva, pai e mãe de Raimundinho, Marizinha, Vera Lúcia (a deusa da minha rua), Alexandre, Raimundo Antônio, Tomé Filho e Luiz Carlos, meu afilhado, que anos depois moraria em minha casa na Boca do Rio, em Salvador, antes de se formar técnico agrícola pela Escola Agrícola Federal do Maranhão.

Do outro lado viviam compadre Abílio Matos e comadre dona Dica, pais de Socorrinho, minha afilhada, irmã de Dorinha, cujo filho é hoje assessor técnico do IBGE em São Luiz, com quem tive o prazer de me encontrar na Semana da Consciência Negra, em 2013.

Estudei com dindinha Filomena até o segundo ano. Com ela aprendi a ler, a escrever, as primeiras noções de História e Geografia e as operações matemáticas fundamentais, em um ambiente sadio, em que também se costurava, bordava, fazia-se versos e tocava-se violão e bandolim.

De lá segui para o Grupo Escolar Colares Moreira, o mais prestigiado da cidade, onde conheci professoras – donas Zezé, Geni, Maria Alice, Priscila, Silvandria e Dalva – e colegas – Graça Maria, Teresa de dona Tatá, Marisita, Mirian, Maria Eugênia, Sebastiana, Dulce e Maria Ruth – que trago na memória até hoje.

Gostava muito de estudar. Era vista pelas professoras e colegas com certa distinção.

Daqueles anos vividos em Codó, lembro-me ainda das muitas festas de que participei. Dias inteiros de muita alegria e muita comida – leitoa assada e guisada, capão assado e guisado, tortas de camarão, galinha ao molho de ervilhas, macarrão com queijo, requeijão e ovos cozidos eram algumas das iguarias servidas, junto com bolos, doces e gengibirra.

As missas eram o ponto de encontro entre as duas cidades – Alta e Baixa. Codó tinha duas padroeiras na matriz, Santa Rita e Santa Filomena, e um padroeiro no Alto, São Sebastião. Naquele tempo, todos que ali moravam se conheciam. Havia um parentesco simbólico entre todo mundo.

Não me esqueço também de outras três mulheres que marcaram muito a minha vida na primeira passagem pela cidade: madrinha Lalá (Laura Bayma), amiga de dindinha, que todas as manhãs vinha trazer as novidades e colher flores, em especial laura-rosa, sua preferida; Dedé (Edméa Medéa Godinho), também amiga de dindinha e minha madrinha de crisma, a quem eu respeitava muito, mulher inteligente, maranhense de São Luís Gonzaga, que trabalhava na Prefeitura de Codó; e minha tia Benedita, irmã de minha mãe por parte de pai, uma companhia de sempre, que terminou seus dias em Codó, ao lado dos sobrinhos, aos quais sempre devotou muito cuidado.

Concluído o curso primário, o colégio de freiras prometido para a vizinha Caxias não saíra do papel e minha primeira opção de moradia e estudo havia se frustrado. Em carta endereçada a minha madrinha Nhazinha, minha mãe pedia que eu fosse acolhida na capital, para prosseguir os estudos.

Dentro de pouco tempo, eu deixaria aquela vida tão doce e segura para estudar em São Luís, como era o desejo de minha mãe.

São Luís

Num dia de tempestade e quase inundação, estava eu no Oásis da Aurora, uma casa de pensamento, quando tive um sonho. Tinha apenas um remo nas mãos e um caminho longo pela frente, em que só se via água por todos os lados. Ao pedir ajuda, deparei com uma margem de rio, onde pisei firme. Acordei.

Desde a infância, sonho muito com água. Sempre antes de um perigo iminente ou de uma resposta para algum problema, ela está presente.

O lugar de minha infância, como já disse, era farto em rios, lagoas, veredas. Lá existem muitas fontes de água viva. Daí vem minha identidade ritual com Oxum.

Era um pouco de mim que ficava para trás quando deixei Codó e desembarquei em São Luís, para continuar os estudos, aos 12 anos. Corria o ano de 1949. Ali eu viveria até completar 19.

Logo na chegada à Rua dos Afogados, 627, fui acolhida como a 9ª filha do casal Trancoso Muniz. Minha madrinha Nhazinha e eu éramos muito amigas. Das oito filhas, Teresinha era segunda mais velha e ajudava a cuidar de mim. Rosita era minha parceira de idade – ambas nascemos em outubro de 1937.

As mais próximas, no entanto, eram Ruth e Finoca – esta, infelizmente, partiu cedo, mas nos deixou Ana Paula, a quem chamo Quequé – querida duas vezes. A caçula era Concita.

Ruth é uma mulher brilhante. Ganhou todos os prêmios nas escolas e universidades por onde passou e sempre se destacou pelos conhecimentos da boa Pedagogia, que ela consolidou na Universidade Federal do Maranhão e na UEMA. É minha amiga-irmã até hoje. Quando eu morava na Bahia, passávamos o Natal e o Ano-Novo juntas. E na medida de nossas possibilidades, sempre telefonávamos uma para a outra, estivesse eu na Bahia ou na França.

Minhas outras "irmãs" eram Rita de Cássia, Maria Raimunda, Dioneia, Maria do Rosário e Conceição de Maria. Minha madrinha dedicava a mim o mesmo zelo com que criou todas elas. Éramos uma família de dez mulheres e a única diferença entre nós era o fato de somente eu a acompanhar às missas na Igreja de Santo Antônio, de manhã bem cedinho.

Morávamos no coração da cidade, o que facilitava minhas andanças. A casa 627 ficava paralela à Rua do Sol e à Rua do Alecrim. Subindo, chegávamos à Rua Rio Branco, entre a Praça Deodoro e a Praça Gonçalves Dias. Tudo muito próximo dos lugares de maior circulação – Rua da Paz, Rua Grande, Praça João Lisboa, Praça da Sé, Fonte do Ribeirão.

Na Escola Normal do Instituto de Educação abriram-se todas as portas pelas quais transitei desde então. Os conhecimentos e as muitas amizades que fiz naquele período seguem comigo até os dias de hoje. Ali estudei de 1950 até 1957 – as quatro séries ginasiais e as três que me deram o diploma de Professora

Normalista. Era uma grande casa de formação, onde compartilhávamos tempo, espaço e relacionamentos, e também debatíamos os mais diferentes assuntos.

Foi na Escola Normal que conheci a Juventude Estudantil Católica, JEC,[5] que acolheu minha alma militante e fez com que ela desabrochasse a partir de então.

Minha formação pessoal, que solidificou em mim o respeito pelo outro, sobretudo por meus familiares, e a necessidade de sempre me portar de maneira digna, devo acima de tudo à mamãe e à dindinha Filomena. Mas ao chegar a São Luís, a JEC me preparou para o combate, para a luta que travo até hoje e da qual ainda tratarei aqui. É da JEC que partem meus núcleos mais sólidos de amizade, referências e segurança.

A JEC foi para mim uma excelente escola, lugar de convivência, prática religiosa, estudos e reflexões. Eu estava sempre presente nas reuniões, manhãs de formação, dias de estudo, retiros. Tínhamos sessões de aconselhamento com os diretores espirituais, tudo fazia parte de um processo de formação especialíssimo para o começo dos anos 1960.

Georgina Rabelo era a minha dirigente, a quem tanto admirava e ainda admiro. Lourdinha Ferreira era a presidente da JEC Intercolegial. Hilden ê Ferreira, minha companheira de conversas e cartas trocadas. Todas, irmãs muito queridas. Também

---

[5] Associação civil reconhecida pela hierarquia católica em julho de 1950 como setor da Ação Católica Brasileira (ACB), que tinha como missão difundir os ensinamentos e a doutrina da Igreja entre os estudantes de nível secundário; foi extinta em 1966, com o esvaziamento da ACB e de seus ramos especializados.

me recordo com saudade de Celeste, Maria Helena, Marlene, Maria José, Luzimar, Nizete, Lucimar, Ione, Maria Esterlina (Teté), Cleonice, Graça, Delza, Zulmira, Ana Maria, Maria de Nazaré, Angélica, Maria de Ribamar, Gracimar e Luzenir, outras grandes amizades que nasceram na mesma época.

Adorava morar em São Luís. Era feliz com meus estudos, minha militância e a convivência com as amigas. De vez em quando, porém, batia uma saudade e as cartas enviadas por mamãe e dindinha, ao mesmo tempo que me estimulavam a seguir adiante, suscitavam tantas boas lembranças que minha vontade era embarcar no próximo trem para Codó.

E quando chegava a vez, a felicidade era completa. Reencontrar minha mãe e dindinha era o que havia de melhor para mim. O trem saía às cinco da manhã de São Luís e andava quase um dia inteiro até chegar a Codó. As paradas nas estações guardavam suas peculiaridades: em Santa Ria, a farinha d'água; em Rosário, as bilhas e o caneco para servir a água; em Itapecuru, os gritos de "olha a boia", referência ao prato de arroz, feijão e uma pequena salada feita de rodelas de tomate e cebola, acompanhados de galinha guisada, carne assada ou peixe frito. Em outras paradas via-se espigas de milho cozido, milho assado, pamonha, bolo de arroz e bolo frito de tapioca, tradição das cidades por onde passava a Estrada de Ferro São Luís-Teresina.

O horário de chegada era imprevisível. Quando o trem descarrilava, ficávamos às vezes horas esperando até que os comboios fossem recolocados nos trilhos, na maior parte do tempo espantando as mutucas que vinham afoitas na direção de nossos braços e pernas.

O desconforto era recompensado pela alegria da chegada. Quando passávamos por Timbiras e Roncador, a ansiedade aumentava. Estávamos finalmente perto de casa. O trem apitava e as pessoas corriam à estação para receber seus familiares ou simplesmente assisti-lo passar – ali mesmo, em certa ocasião, vi de perto meus ídolos Ângela Maria e Luiz Gonzaga.

A Praça da Estação é a mais bonita de Codó, arborizada e bem cuidada, com a Igreja de Nossa Senhora das Graças, o edifício dos Correios, o Banco do Brasil e o tradicional prédio da estação, hoje restaurado e incorporado ao patrimônio histórico e cultural da cidade.

Lembro-me de, durante as férias, passar todas as manhãs na cozinha, em pé, ao lado de mamãe e dindinha, conversando, enquanto elas preparavam o tempero para a comida. Acredito que faço uma comida caseira de boa qualidade graças às pequenas lições aprendidas naquele casarão.

O tempero era feito com cuidado. Pilávamos o cominho e a pimenta-do-reino, descascávamos o alho e, em seguida, púnhamos vinagre, sal e folha de louro. Era a hora em que seu Moisés, pescador amigo da família, chegava à porta com as cambadas de peixe fresco – curimatã, mandi, cascudo, viola, traíra, piranha, anojado, piaba. Minha mãe tinha prazer em preparar o peixe. O tempero levava apenas limão, sal, coentro e cebolinha verde. Para acompanhar, arroz branco e cuxá. Compartilhávamos tudo com os vizinhos.

O cardápio naquela casa, a propósito, era variado. Comíamos também cuxá batido com quiabo ou frito no toucinho; feijão temperado com toucinho, pimenta-do-reino, alho e sal; carne de boi guisada, cozida ou moída como almôndega, além do conhecido bife com caldo grosso. A carne assada ao molho ferrugem era outra delícia.

A cada chegada em Codó, havia uma novidade. Sempre encontrava uma planta nova no quintal, àquela época colorido por girassóis, antúrios, tajás e jasmins; uma joia de ouro; latas de doce seco; doces em calda; geleia de goiaba; licor de jenipapo. Certa vez, maravilhada com tanto afeto e beleza ao redor, perguntei a minha mãe:

— Por que a senhora me tirou daqui?

Ela respondeu:

— Pensei que era melhor para ti.

O racismo era impregnado no mais profundo do coração de grande parte das pessoas. Ir à igreja com minha mãe era tão difícil para mim! Era um sacrifício assistir àquelas missas, principalmente aos domingos – eu ia para acompanhar e zelar pela dignidade de minha mãe, pois sabia que ela ficaria triste se fosse à igreja sozinha durante as férias, quando todas as famílias entravam juntas.

Lembro-me também dos dias de chuva naquela varanda grande, em que víamos a água escorrer pela calha de flandres. Às vezes, tomávamos banho de chuva no quintal, com direito a um cálice de licor de jenipapo para não nos resfriarmos.

Diferentemente da alegria da chegada, cada despedida de Codó era uma dor profunda. Lá ia eu com uma pequena mala de roupa e utensílios pessoais, uma cesta de guloseimas, que levava para madrinha Nhazinha e as meninas, e uma de frito, um preparado de frango e farinha d'água, para comer durante a viagem. Também me recordo de, certa vez, ter pedido a minha mãe que fizesse uma carne assada para levar para Ione, que estava de passagem por Caxias. De lá para cá, passamos a chamar o prato de "bife de Ione".

De volta a São Luís, era hora de reencontrar os professores e professoras do Instituto de Educação. Muitas daquelas mulheres lembravam a estatura intelectual e moral de dindinha Filomena: Maria Helena Rocha (Português), Zoé Cerveira (Metodologia), Nadir Nóbrega (Geografia), Rosa Castro (Psicologia), Marion (Canto Orfeônico), Maria da Conceição Ribeiro Quadros (Latim), Felicidade Rego (Desenho). Os professores Braga (Francês), Vicente Maia (Inglês) e Ribeirinho (Matemática) também se tornaram referências importantes para mim, embora naquele tempo eu me mantivesse calada e não ousasse me aproximar muito deles. Buscava apenas fazer a parte que me cabia: prestar atenção, anotar e estudar.

Em 1953 dindinha Filomena fez sua passagem – meu pai falecera dois anos antes, quando já morava em São Luís – sem ter visto minha primeira vitória após a conclusão do primário no Colares Moreira, o que lamentei muito. Uma escritura pública legou o casarão a minha mãe. Daí em diante, ela passou a compartilhá-lo com irmãos e sobrinhos que vinham a Codó em busca da educação formal que a Terra de Pretos não proporcionava.

Quando concluí o ginasial em São Luís, minha mãe preparou-me uma recepção. Nessa época, ela trabalhava como zeladora no grupo escolar e fazia doces para fora. Buscava nas matas raízes e frutas que davam vida àquelas iguarias tão apreciadas por quem as comprava. Além disso, recebia encomendas – peru, leitoa, presunto – para banquetes.

Embora simples, nossa vida era bonita. Tínhamos educação, instrução, costumes e tradições a zelar. Em casa havia uma pequena biblioteca. Líamos à noite, à luz do candeeiro.

Já naquele momento, entretanto, eu me recusava a aceitar o *apartheid* com que éramos obrigadas a conviver, embora ninguém ousasse tocar no assunto.

Eu tinha vontade de ir aos bailes, mas minha mãe não deixava. E sequer me explicava o porquê da proibição – hoje sei que ela não queria me ver nos bailes "de segunda", uma vez que para os bailes "de primeira" eu não era convidada. As diferenças entre ricos e pobres eram muito bem demarcadas. Mas o que pesava mesmo era o "quesito" cor da pele e origem racial.

O Guarapari era o clube da elite. Já o Centro Operário era reservado aos considerados de "segunda classe". Quando perguntavam a ela por que eu não os frequentava, minha mãe respondia:

— Ela não gosta de dançar, só de ler.

Eu realmente gostava de ler e sempre li muito.

A divisão se tornou ainda mais evidente quando foi criado o Club Social. Todos aguardavam a lista de convidados. Era o momento da seleção. Não fomos convidadas, embora nossa casa guardasse o registro de ter sido a primeira escola de uma professora normalista em Codó.

Era difícil até mesmo entrar no salão da casa das Bayma, que eu chamava de tias, e cumprimentar um a um. Eu quase chorava de vergonha de estar ali. E sabia, embora sem nenhuma consciência, que era considerada diferente naquele lugar. Não me maltratavam, ao contrário, mas eu sentia a desigualdade no ar.

Hoje, compreendo que isso era fruto de mais de cinco séculos de escravismo, que acompanha nossa tradição colonial. A "tinta" é tão forte que não se apaga nem quando mudam os laços familiares, a classe econômica, as opções religiosas ou o nível intelectual. Somos historicamente, geograficamente e ambientalmente apartados. A grande maioria da sociedade nega as riquezas de nossa ancestralidade africana – sua história, suas culturas, suas civilizações. Há intelectuais de todas as correntes que, inclusive, negam o racismo. Há quem responsabilize o próprio negro pelo fato de ser vítima do racismo. A colonização impôs com mãos de ferro as doutrinas racistas, que naturalizaram e justificaram comportamentos separatistas.

A consciência que se formava me levava às vezes a discutir com minha mãe. Eu sempre quis ser tratada de forma absolutamente igual a todas as pessoas e estava sempre pronta para o que desse e viesse. E quando, em algumas ocasiões, me fechava, era medo de ser humilhada. Isso não me impedia, contudo, de circular em ambientes diferentes. Era tímida, insegura, medrosa, mas sempre fui alegre e procurei fazer novas amizades, além da herança familiar das amigas-irmãs Silvia Santos e Filomena Braga da Silva. Assim conheci Miriam Corrêa, Zelya, Zélia Costa, meus compadres Saul e Nazaré, Osmarina Vaz, Estevina, Iracema, Silvia.

Na medida em que me socializava, me distanciava de certos usos e costumes. O amor profundo pela minha casa, minha mãe, minhas madrinhas, minhas velhas amizades, no entanto, permanecia intocado.

Em certa época, dividimos a casa em duas – numa ficavam minha mãe e meus tios; a outra era alugada para amigos. Ali morou nossa amiga Nana Bayma e, logo depois, o casal Arnoldo e Luisa Souza Macêdo e suas três meninas – Maria de Fátima, Maria Aparecida e Maria das Graças –, a quem minha mãe dedicou o maior de seus afetos, compartilhando educação, religiosidade e experiências de vida. Depois, com a perda de minha mãe, convidei meus tios Martiniano e Zequinha para morar lá em casa.

Em 2008, quando se completaram 100 anos da chegada de nossa família àquele casarão, tentei celebrar a data da maneira como sempre havia sonhado. Infelizmente, não consegui, mas tenho fé de que o farei um dia, para lembrar uma história que é parte essencial de minha vida.

O retorno a Codó

Ao retornar a Codó, já formada professora, minha mãe pediu ao cônego José de Ribamar Carvalho que celebrasse uma missa. Minha chegada foi comemorada em um almoço com a presença de parentes e amigos em nossa casa. Essa é uma das lembranças mais preciosas que trago comigo. A sensação de ser homenageada pela primeira vez era a melhor possível.

Até que, num belo dia, um Jeep parou na porta de nossa casa e dona Marita Archer, esposa do então governador do Maranhão, coronel Sebastião Archer, informou à minha mãe:

— Albertina Moreira, tua filhinha já está nomeada. Sebastião a nomeou para trabalhar aqui em Codó, no colégio das Irmãs Franciscanas, que será aberto dentro de alguns meses, o Educandário Santa Filomena.

Que alegria! A cidade inteira me reconheceu professora. As crianças estudavam pela manhã no Educandário e, à tarde, tinham aulas particulares comigo, em casa. Era a antiga Escola César Brandão, fundada por dindinha Filomena, que reabria suas portas para os filhos e filhas da cidade, pelas mãos de uma ex-aluna e filha da família.

Aos 19 anos, ainda sem experiência, eu me valia dos ensinamentos da professora Zoé Cerveira, da Escola Normal, em

São Luís, que me preparou para o exercício do magistério. Cada criança chegava com uma lição a ser estudada, fosse de Português, Matemática, Geografia, História, Ciências. Não era fácil para mim, mas as relações pessoais e profissionais que mantive naquela época se tornavam cada vez mais sólidas. Passadas mais de cinco décadas, o reencontro com aqueles "meninos" e "meninas" ainda me emociona muito.

Minha mãe celebrava todos os meus aniversários. Muita gente comparecia e levava presentes – tecidos, toalhas de banho e rosto, xícaras, pratos e louças –, que me enchiam de alegria.

À medida que o tempo corria, no entanto, minha mãe parecia mais convencida de que eu deveria continuar a estudar. Era também a minha vontade e uma rede de apoios costurada pela amiga Geny Murad, à qual se juntaram Maria José Santos, Dom José de Medeiros Delgado e Monsenhor Pop, preparou meu retorno a São Luís.

São Luís

A mais bela Praça de São Luís é a Gonçalves Dias. Dela se avista toda a cidade histórica e a monumental cidade nova, do lado oposto da Baía de São Marcos.

Quando voltei a morar na capital, após três anos em Codó, meu sonho era estudar Pedagogia na Fafi (Faculdade de Filosofia) – hoje incorporada à Universidade Federal do Maranhão –, que ficava justamente ali. Antes, porém, precisava encontrar um lugar para ficar e de um trabalho, além, óbvio, de passar no vestibular.

Fui aprovada em terceiro lugar – Conceição, sobrinha de Geny Murad, ficou em primeiro; Ilma Vieira em segundo. Encontrei moradia no pensionato de dona Rosilda Mendonça, uma enviada de Deus à Terra. Caridosa ao extremo, dona Rosilda tinha o propósito de facilitar a vida de quem vinha do interior para estudar, naquele tempo em que as distâncias entre a cidade e o campo eram maiores e as dificuldades também. Ela ajudava a todos de coração aberto.

Monsenhor Pop, por sua vez, me arrumou trabalho no Serviço de Assistência a Menores, SAM, um reformatório – todas as manhãs eu descia para esperar a caminhonete que nos levava até lá. Embora fosse um reformatório, onde os "peraltas" eram recolhidos, as crianças eram bem tratadas. Havia mais duas professoras comigo, muito simpáticas. Nossos encontros se davam, sobretudo, na hora do lanche, em torno de uma mesa de manuê de milho, bolo de macaxeira, chocolate e diversos tipos de farofa.

Meu objetivo maior, além de cursar a faculdade, era me juntar à Juventude Universitária Católica, a JUC,[6] e trabalhar no Movimento de Educação de Base, MEB.

Depois de conseguir uma transferência para a Escola Modelo, onde me tornei diretora do turno da noite, a convite de dona Bibi, nossa Supervisora Educacional, tive a oportunidade de inaugurar a Escola Ana Adelaide Belo, na qualidade de diretora.

Nessa época, eu tinha o privilégio de dormir no quarto de dona Rosilda. Ao chegar à noite da Escola Modelo, não acendia a luz do quarto, para não acordá-la. Armava minha rede e dormia. Sempre tive sono fácil. Seguia assim até o amanhecer, para recomeçar a jornada. Tudo corria bem. Meu tempo era inteiramente ocupado por estudo, trabalho e engajamento social, político e religioso.

Passei a participar das reuniões da JUC até que, aos 24 anos, fui convidada por Maria Regina Lobo e Maria José Santos a trabalhar no MEB Maranhão, o que eu já desejava há algum tempo.

O MEB foi um divisor de águas em minha vida. Antes de começar a trabalhar, fui treinada pela equipe do MEB Bahia, com

---

[6] Associação civil católica com ação semelhante à da JEC, porém, entre os estudantes universitários; assim como sua coirmã, foi extinta após o esvaziamento da ACB.

a qual passei quinze dias em Itaparica. Lá também estavam Osmar Fávero, Raul Landin, Regina Landin, Aldayr Brasil Barthy e Carlos Brandão, que integravam a equipe nacional, responsável pela coordenação do treinamento no país. Recordo-me que da Bahia participaram Ruthy Vieira, coordenadora, e os supervisores Lili, Péricles, Carmilce, Ivone e Angélica.

Eu era pura inocência. Chamei à atenção do grupo quando uma discussão sobre cultura popular se iniciou e me perguntaram o que eu entendia pela expressão.

— É tudo o que o povo faz – respondi.

Daquele momento em diante, me senti respeitada e considerada por aquelas pessoas. Fui considerada líder de aceitação.

Ao retornar ao Maranhão, minha mãe observou:

— Lourdes mudou depois que foi à Bahia. Era tímida, encabulada, não queria ir aos lugares.

Mamãe tinha razão. A Bahia me dera régua e compasso. Ajudou a retirar de dentro de mim o que eu não tinha coragem de pôr para fora. Acredito que devo toda a coragem que me faria seguir adiante a essa estadia na Bahia – alguns anos mais tarde, o México teria efeito semelhante sobre mim, ao me apontar realidades que até então eu desconhecia.

Minha aproximação com a Igreja Católica revelou um mundo de corrupção, traição, impunidade, ganância, deslealdade e muita riqueza. Mas não só isso. Ali encontrei preconceito, desigualdade, racismo. Tudo mesclado. Tentava acreditar que aquilo ia mudar um dia. Nada. É estrutural. Não muda.

Havia exceções, evidentemente. Conheci pessoas profundamente sérias, honestas, que creem no ser humano, lutam por dignidade, pelo respeito às diferenças, por justiça, por igualdade. François-Marie de L'Espinay era assim, como o eram Irmã Maria Luísa de Mello, Dom Xavier Gilles de Maupeou, padre Michel Caldas, padre Benedito Cutrim, padre Cônego José de Ribamar Carvalho, padre Benedito Ewerton.

O trabalho no MEB fazia refletir sobre educação popular, cultura popular e atuação da Igreja no campo social, entre outros temas. A prática nos levava a apreender a realidade e ter consciência política. As metodologias que utilizávamos envolviam estudo de área, treinamento, supervisão, avaliação e material didático. Maria da Conceição Brenha Raposo, à época supervisora do MEB Maranhão, hoje professora doutora em Educação da PUC-Rio, formada pela Fundação Getúlio Vargas, constitui para nós e para o MEB uma referência forte.

"O modelo de educação de adultos que seguíamos não se restringia a ensinar a ler, escrever e contar, mas preocupava-se fundamentalmente em contribuir para que as populações do meio rural fossem capazes de interpretar a realidade, trabalhar de forma cooperada e se organizar para intervir de forma ativa na transformação social", detalharia Conceição Raposo em livro publicado mais de duas décadas depois, em 1985.

Conceição – minha mãe a chamava "Conceiçãozinha" – era uma jovem bonita, inteligente que, aos quinze anos, partiu de Viana para estudar em São Luís. Integrou a JEC, ajudou a formar jovens e adultos, participou de trabalhos comunitários, sempre na perspectiva de uma Igreja Católica comprometida com as transformações sociais, tendo ao seu lado as Auxiliares Femininas Internacionais, também chamadas de AFIS, Godelieve, Maria e Teresa, vindas, respectivamente, da Bélgica, Alemanha e Itália, para trabalhar em Viana, inicialmente.

De família tradicional, educada e, acima de tudo, muito politizada, Conceição era avançada para a sua época. A diferença de idade nunca atrapalhou a nossa convivência no MEB. Éramos iguais em nossas diferenças e, daqueles anos para cá, nossa amizade só se fortaleceu.

Sobre educação de base, ela dizia que não entendia por básica a educação que proporciona as mínimas possibilidades para a vida humana. Ao contrário, o termo básico se referia àquilo que era mais radical, ou seja, ao fundamental para o educando, que fosse capaz de conscientizá-lo a lutar.

Na prática, o MEB era, portanto, uma escola de formação de lideranças rurais. Trabalhávamos com estudo de áreas, levantamento de realidades, preparação de camponeses para o trabalho comunitário, supervisão e conscientização política fundada na concepção a que acabo de me referir. Prática que, no Maranhão, se reinventava com base na própria instituição e na realidade local.

Naquela época, inventávamos material pedagógico, construíamos cinema em caixa de sapato, desenhávamos cenas do cotidiano em longas tiras de papel em formato A4 emendado. A resposta vinha imediata. As reuniões nas comunidades eram animadíssimas. As pessoas decodificavam as imagens e, com base nelas, conceituavam a exploração capitalista, identificavam a burguesia, compreendiam a dominação político-econômico-cultural. Era tudo tão bonito!

Nesses lugares distantes, meios de comunicação praticamente inexistiam. Andávamos às vezes um dia inteiro para descobrir quem eram as lideranças comunitárias. Foi assim que encontramos, por exemplo, em Pindaré Mirim, Manoel da Conceição, um líder rural internacionalmente conhecido nos dias de hoje, que havia sido treinado principalmente por Elisete Shering, agrônoma paraense, militante aguerrida, supervisora do MEB Maranhão, cargo que precisou abandonar com o Golpe Militar de 1964, indo se estabelecer em Vitória, Espírito Santo.

Em Pirapenas, conhecemos seu Gouveia; no Lyra, seu Vidal; no Bairro de Fátima, Dona Noêmia, que trabalhava na casa de Dom Xavier e padre Michel. Era a Igreja da França presente por meio do Centro Episcopal França-América Latina, Cefal, naquele tempo coordenado por François de L'Espinay e Michel Quoist.

Conceição também observa, no mesmo livro a que nos referimos, que o MEB foi o responsável pelo grande avanço no entendimento da educação popular de que foram capazes os intelectuais da época. Ao mesmo tempo, o amadurecimento da ideia resultaria num processo de rompimento com as instituições que o haviam gerado – Igreja e Estado, às quais interessava apenas modernizar padrões para assegurar a manutenção da ordem vigente. Para o professor Carlos Alves Moura, primeiro presidente da Fundação Palmares, as comunidades rurais são provavelmente as que reviveram as tradições dos núcleos quilombolas, que se originaram em tempos coloniais, hoje denominadas Comunidades Remanescentes de Quilombos.

Ao deixar a casa de dona Rosilda, morei no Instituto Maria Goretti e em várias repúblicas de militantes, a princípio vinculadas à Igreja Católica – Monte Castelo, Nazaré, São Pantaleão,

Cândido Ribeiro, Santo Antônio, Rua das Hortas. Incluíam-se nas repúblicas voluntárias que vinham de outros estados e de nível internacional.

Às vésperas do Golpe Militar, a situação política se agravava a cada dia mais. O MEB era visadíssimo pelas forças conservadoras que naquele momento se reorganizavam. Tínhamos um trabalho próprio e alianças de "alto risco" – éramos adeptas do método de ensino criado pelo mestre Paulo Freire, estimulávamos o sindicalismo rural e seguíamos de perto organizações de esquerda como Animação Popular e Ação Popular.

Esses contatos, a propósito, também me levaram a conhecer Lília Ferreira Lobo, uma moça inteligente e espirituosa que, em 1962, aproveitara suas férias no Rio de Janeiro para participar do I Treinamento Nacional de Animação Popular, no Maranhão. Antes mesmo de sua chegada, Lília já era anunciada por Regina:

— Você precisa conhecer Lília.

Lília era tão interessada naquilo que fazia que, naqueles dias, se dispôs inclusive a acompanhar a equipe em um trabalho de campo em Pindaré Mirim. Daquele ano em diante, se tornou uma companheira presente em minha vida em diferentes situações. Hoje, ela é professora titular da Universidade Federal Fluminense, depois de ter estudado Psicologia e se tornado doutora. Naquela época, ainda cursava Pedagogia.

Com o Golpe, nossas principais lideranças tiveram que deixar o Maranhão; algumas delas se viram forçadas a sair do país. Tornei-me supervisora, depois coordenadora estadual do MEB. Na medida de nossas possibilidades, não abrimos mão dos princípios que nos norteavam. E pagamos o preço.

Um dia, fomos todos surpreendidos ao ver nossa casa lacrada com a inscrição: Interditada por ordem da Polícia Federal. Tão logo souberam da notícia, Dom Xavier e padre Miguel foram ao quartel na tentativa de intervir a nosso favor. As restrições e o controle, no entanto, se tornavam cada vez mais rigorosos.

Aos poucos, as equipes ficavam menores e os contatos com as comunidades se tornavam mais difíceis. Tínhamos por princípio não levar nenhum tipo de provisão nas viagens. Os camponeses que encontrávamos, por sua vez, não dispunham de condições mínimas. Não tinham água potável nem alimentos, mesmo verduras, legumes e frutas. Carne, nem pensar. Na maioria das vezes, chegávamos à noite, cansados, com sede e fome e não era raro ouvir:

— Temos folha para fazer um chá, mas não temos doce (açúcar).

Tomávamos aquele chá dieteticamente desnecessário. Não à toa éramos todos - ou quase todos - muito magros. A falta de água potável naquelas situações me faria contrair um problema quase crônico de contaminação por amebas.

Conceição acrescenta uma reflexão que ajuda a entender o que se deu com o MEB naquele momento. "O MEB explicitamente posiciona-se a favor de mudanças estruturais, mas não deixa claro a que estruturas se refere concretamente, quando se coloca a favor de mudanças, como também não deixa claro para que mudanças estruturais se orienta. A questão está em não se conseguir perceber, em momento algum, até 1964, como o MEB apreende as relações sociais que o modo de produção capitalista engendra, com proprietários dos meios de produção constituindo uma classe e os proprietários da força de trabalho constituindo outra, encontrando-se ambas em permanente estado de conflitos gerados pelas suas contradições."

Com a Ditadura, ela nota que essas contradições se tornam mais claras e passam a ser explicitadas em documentos que fazem referência a temas como trabalho e propriedade. Até que, por razões conjunturais internas, tanto da Igreja como do próprio MEB, o esforço se esgota.

Era 1967, quando concorri a uma bolsa de estudos da Organização das Nações Unidas para a Educação, a Ciência e a Cultura (Unesco), por escolha do MEB Nacional. Semanas depois, eu desembarcaria em Pátzcuaro, no México, onde teria lugar uma das mais extraordinárias experiências de minha vida. Pela primeira vez, eu deixaria o Maranhão. O mundo se abria para mim.

Pátzcuaro – Michoacán – México

A bolsa que me levou ao Centro Regional de Estudos para Comunidades Latino-Americanas, Crefal, em Michoacán, um dos 31 estados do México, foi um prêmio à minha dedicação naqueles primeiros cinco anos de militância ativa no MEB. Parti – como cantava Caetano Veloso naquele ano –, "sem lenço, sem documento". Levava comigo somente expectativas. E sonhos.

Nessa época eu morava em uma república com Conceição, Bel Raposo, Dorothy Pritichard, Raymonde Harchies, Georgina Rabelo, Dayse Lobão. Todas elas me ajudaram a preparar a viagem.

Edna Farias, companheira do MEB, deu-me um livro sobre o México, que ficou comigo por muito tempo. Dorothy, que estudara na Bélgica com Antonio Ortiz Paniágua, padre jesuíta mexicano, se encarregou de contatá-lo. Raymonde perguntou se eu havia "organizado" moeda estrangeira para levar – para ser franca, àquela altura, não me havia ocorrido precisar de outra moeda. Ela generosamente ofereceu-me US$ 60, com os quais entrei no México.

Meu destino final seria Pátzcuaro, onde faria o curso "Comunidades Rurais Latino-Americanas". Antes disso, o voo fez uma escala no Panamá e dali seguimos até o desembarque na Cidade do México, onde fui recebida por uma comitiva – Jaime

Rivas, Angel Marquina, Henrique Tirado e Padre Paniágua, que, em vez de me deixarem num hotel, como previsto, me levaram à Rua Anatole France, 151, Polanco, casa da família Rivas de La Torre. Foi quando conheci Eloína Rivas de La Torre, a senhora dona da casa, uma mulher especialmente gentil e atenciosa, dona de uma inteligência dotada de muita sensibilidade.

Logo em seguida aos cumprimentos, Dom Lucio Rivas, marido de Eloína, passou a falar das riquezas do Brasil. De posse das doutrinas trazidas dos cursos de conscientização do MEB, me abstraí de toda a ternura e delicadeza da acolhida e, num misto de ingenuidade e inexperiência, observei ao dono da casa, espanhol das Astúrias, que apenas 12 famílias eram donas de tudo aquilo. Lembro-me de Eloína e sua filha Glória – que se tornariam grandes amigas a partir daquele dia – tentarem a todo custo contornar o constrangimento que se seguiu.

Após o jantar, fui levada a um quarto lindo, com banheiro e tudo o que precisava – lençóis e cobertores para me agasalhar, escova e creme dental, sabonete e toalhas de banho e rosto. Com o corpo cansado e a alma feliz, adormeci. Trazia comigo um cansaço antigo, léguas e mais léguas "tiranas", que não acabavam nunca, andadas a pé sob o sol escaldante de Pindaré Mirim, Viana, Pirapemas, São João Batista – àquela altura já era possível atravessar matas e percorrer caminhos longos e ermos sem que se avistasse uma só casa, uma só pessoa, com certa segurança. Era só caminho, nem era estrada.

Dormi até muito tarde do dia seguinte. Além de Glória, o casal tinha outros cinco filhos: Eduardo estava no seminário, Jaime estudava no Colégio Pátria, German era ainda um jovenzinho,

Xavier um menino e Raul um bebê. A secretária da casa era uma senhora espanhola, que se chamava Iluminada, a quem os meninos, assim como eu, tratávamos por Mana.

Glória concluíra há pouco o curso de Enfermagem e estava prestes a se casar com Juancho, arquiteto brilhante, cujos projetos me maravilharam – a casa que eles construíram em Tecamachalco é um primor de beleza e funcionalidade; tive a chance de morar algum tempo lá e desfrutar da companhia daqueles queridos amigos.

Eu e Eloína nos tornamos mais próximas a cada dia. Conversávamos muito sobre tudo, saíamos juntas para fazer compras, assistíamos a concertos musicais – o de Dolores Pradera foi um deles –, além de frequentarmos exposições, mercados de arte mexicana, restaurantes em Las Haciendas e cafés na Zona Rosa. Numa dessas saídas, comprei um casaco azul que conservo até hoje. Diariamente, vinha à casa Mamina, mãe de Eloína, uma autêntica dama asturiana.

Certo dia, fomos juntas, eu e Glória, ao cinema. Fiquei embevecida com o perfume que ela usava naquela noite. Mais tarde, vim saber que se tratava de "Madame Dior". Nunca havia sentido aquele aroma. Revelei o detalhe a ela e, dias depois, ganhei do casal meu primeiro Dior. Não preciso dizer que adorei o presente.

Aprendi muito nessa época. Nas aulas de Literatura do senhor Romero; nas coleções de História Geral e Geografia, compradas do senhor Valenzuela; nas visitas a bibliotecas e museus, em especial o de Antropologia e Etnologia do México; e nas reuniões regadas a café com Mamina e as amigas Leonor, Pilly e Shepina. Com Mamina, estive também em Los Baños, onde ela me presenteou com um casaco mexicano de lã para o inverno. Passeávamos muito e eu a acompanhava às compras. Recordo-me também das visitas dos amigos Angel e Henrique, que vinham desfrutar do afeto, dos assuntos e da boa mesa daquela casa.

Com o passar das semanas, a impressão que eu tinha é que havia nascido ali. Nada me constrangia, ao contrário, me sentia absolutamente à vontade entre aqueles novos amigos.

Eloína tomou a iniciativa de ligar para o Crefal e falar com o professor Miguel Soller Rocca, diretor da escola. Combinaram a data da minha partida para Pátzcuaro e ela mesma providenciou o bilhete em Pulmann de Morelos, onde embarquei em um carro leito, levando comigo um farnel de biscoitos e frutas, além de muita coragem. A viagem duraria uma noite inteira.

Não sabia o que encontraria pela frente, mas acreditava que a vida me levaria aos lugares certos. Não tinha medo, tinha confiança no que me aconteceria dali em diante. E não me preocupava com o dia de amanhã – a vida me conduziria e os santos, anjos e arcanjos me guiariam. Naquele tempo eu ainda não conhecia os Orixás, Inquinces, Voduns, Encantados, Jurema, nem mesmo o Terecô de Codó para me valer deles; essa aprendizagem, que hoje constitui minha fé maior, minha identidade, só viria algum tempo depois.

O Crefal fica na beira de um lago nacionalmente conhecido, a muitos quilômetros da Cidade do México. Transformado em Centro de Estudos de Comunidades Rurais Latino-Americanas, sob o patrocínio da Unesco, oferecia alojamento aos alunos. Morei em uma casa com Osmarina – com quem dividia o quarto – e a hondurenha Evelina, além de duas compatriotas desta.

Logo nos primeiros dias, conhecemos o professor Osman Fransichetto Magalhães e sua esposa Maria Inês, os brasileiros que melhor falavam o espanhol e os mais elegantes do Crefal. Engenheiro agrônomo da Organização das Nações Unidas para a Educação, FAO, todos admiravam o professor Osman. Éramos frequentemente convidadas para cafés, almoços e jantares em casa dos conterrâneos e não perdíamos a oportunidade de estar perto deles para aprender um pouco mais.

O Crefal, a propósito, era uma grande fonte de conhecimento sobre o continente, sua gente e suas culturas. Éramos muitos e diversos ali. Lembro-me dos professores René e Wolrab, da Holanda; Paz Diño, das Filipinas; Mendonza, da Argentina; Pilone, do Chile; e, evidentemente, do professor Soller, um grande "maestro", culto, elegante e enérgico, que Eloína dizia ser um autêntico catalão, mas, na realidade, era de origem uruguaia, assim como sua esposa Matildes, uma assistente social politizada, inteligente e aberta.

Cursávamos várias disciplinas, os trabalhos de campo nos levavam a diferentes lugares em território mexicano e éramos submetidos a avaliações constantes. As refeições eram feitas no restaurante de dona Mariquita, onde os cafés eram um prazer à parte: ovos rancheiros recheados com tomate, cebola, coentro e presunto, bolachões adocicados e café com leite bem quente. Dali, saíamos para as aulas, que nos descortinavam as comunidades rurais de toda a América Latina.

Certo dia, recebemos a visita do padre François de L'Espinay, que viajara uma noite inteira para ver a mim e a Osmarina. Antes de embarcar para o México, havia estado no Guamá, em Belém, especialmente para trazer notícias dos pais de minha companheira de alojamento.

François era um amigo da qualidade de madeira de lei. Não media nenhum sacrifício para dar gosto aos companheiros mais próximos. No Crefal ele foi apresentado aos professores Soller e Osman, além de Pepe e Charo, também amigos. A simplicidade de François, que lhe valeu os mais diferentes apelidos vida afora – Francisco, Pancho e Chico foram alguns –, encantava a todos. Entre os amigos franceses era "Le Baron".

A seu modo, certo dia ele desabafou que esperava encontrar nas pessoas "amizades mais profundas". As origens, instituições, postos, na grande maioria dos casos, deformam os seres humanos – dizia –, que se sentem no direito de dominar, maltratar outros por suas diferenças sociais, culturais, raciais e econômicas. Nada mais verdadeiro.

François era um homem de quatro continentes: Europa, onde nasceu; África, onde esteve na Argélia; Ásia, onde trabalhou no Vietnã; e Américas do Norte, Central e do Sul. Era um sábio de seu tempo. Em Cuernavaca, México, criou um centro de acolhimento denominado Ciruelo. Era um casarão bonito de dois andares, jardins, chalés, piscina, muito arborizado. Uma escadaria imponente dava acesso a um grande salão e a uma cozinha ampla, tudo muito majestoso aos meus olhos. A finalidade era receber estudantes, sobretudo das Américas, que vinham aprender espanhol no Centro de Ivan Illich, o Cidoc, que ficava no município. Encontrei ali Raquel, colombiana; Eva, irlandesa; Ana Larman, francesa; Steve, norte-americano; Cida e Claus, canadenses. Gente simpática que buscava caminhos na vida, novos horizontes. E

Sophie Desrosiers, uma francesa de Lyon que, anos depois, ao visitar o Brasil, foi ao Maranhão, onde se hospedou com Socorro Barros e, ao fim da viagem, foi parar em minha casa, em Codó – a melhor fotografia de minha mãe, a propósito, foi feita naquela casa, por Sophie, hoje professora na EHESS.

O Cidoc é um grande centro de pesquisas e estudos de línguas estrangeiras, dotado de arquivos extraordinários, onde aportavam inteligências do mundo inteiro, na perspectiva de repensar a sociedade. Estive ali para participar de conferências, ler e conhecer o pensamento de Ivan Illich, conversar com ele, escutar seus pontos de vista sobre escola, sociedade, saúde, medicina.

No Ciruelo, o intercâmbio entre diferentes nacionalidades era intenso. A cada mês um estudante tinha o compromisso de preparar um jantar para todos que quisessem participar. A única regra era que a comida fosse típica do país de origem do anfitrião. Assim, tive a oportunidade de desfrutar de delícias da Colômbia, Peru, Paraguai, Irlanda, Alemanha, Estados Unidos e, claro, México. E também de servir a meus convidados feijoadas que ficaram famosas.

Eu tinha comigo um caderninho com receitas de cozido, caruru, vatapá, mas meu prato mais pedido era mesmo feijoada, cujos ingredientes eu encontrava com facilidade no México. Para o recheio, linguiça, lombo e costela de porco.

A dura rotina de estudos, além da saudade de casa, por vezes, abatia a todos. Chegou um momento em que contávamos os dias que faltavam para o término do curso. Até que, finalmente, após sete meses de estadia no país, chegou a hora de preparar o relatório final e concluir os trabalhos escritos.

A festa de entrega dos certificados conferidos pela Unesco teve lugar em uma sessão solene, para a qual podíamos convidar duas pessoas. Escolhi Eloína e Mamina – esta me levou um lindo presente, que eu perderia ao ter meu apartamento invadido pelas forças da repressão, quando roubaram todos os meus pertences, inclusive as joias antigas que minha mãe levou para mim de presente de aniversário.

Eloína se tornou uma pessoa definitiva para mim, no México e ao longo da vida. Deu-me um voto de confiança, compreendeu meu jeito de ser, sem retoques, e percebeu em minha timidez certa inocência que ainda me acompanhava em 1967. O que mais aprendi com ela foi a ser sempre eu mesma. Nossas diferenças nunca incomodaram ou dificultaram o convívio, ao contrário, só fizeram crescer a confiança nela e em mim. Graças a ela, vivi os primeiros dias de descoberta de uma cultura diferente sem que nada me oprimisse, me doesse, me maltratasse. Em 2015, pude revê-la na companhia de Glória. Mais uma vez, o reencontro foi preenchido de alegria e afeto.

Afeto que também me ligou ao México, que hoje tenho como minha segunda pátria. Ali convivi com diferentes pessoas e apreciei artes, culturas, arquiteturas, músicas, feiras, mercados, museus, pirâmides, lagos, mares, rios. Estive naquela época em Oaxaca, Acapulco, Puebla, Guadalajara, Águas Calientes, Uruapan e Tepito, ao que me recordo enquanto escrevo.

Alguns chegaram a pensar que aquele ambiente seria capaz de me transformar, abalar minhas raízes, minha história, minhas convicções. Muito pelo contrário. Minha passagem pelo México, embora tivesse sido uma prova de que após a tempestade vem a bonança, só fez fortalecer minha consciência política e minhas origens da Matinha, dos Matões dos Moreira, com suas tradições e culturas.

Convidada pela AFI Gertrudes Pax, também viajei aos Estados Unidos para uma série de entrevistas sobre as regiões norte e nordeste do Brasil, com jovens norte-americanos ligados à organização Voluntários da Pax, que se preparavam para vir ao país. Estive em Chicago, Indiana, Gary, Minnesota, Minneapolis e Milwaukee.

Por sugestão de colegas do Crefal, antes de voltar, fiz um giro pelas Américas. Fui à Guatemala; estive em Honduras para visitar as colegas Evelina e Isabel; participei de um encontro sobre diversidade étnico-religiosa, em La Paz, Bolívia; visitei os colegas colombianos Carlos e Letícia e os professores Osman e Maria Inês em Bogotá; fiz uma viagem de reconhecimento a Caracas, Venezuela; acompanhei um seminário internacional sobre diversidade religiosa em Quito, Equador; passei uns dias com a família de José Abel Rivero, colega do Crefal, em Arequipa, Peru. Muito tempo depois atendi ao convite do professor René Boss para viajar até Montevidéu, Uruguai; conheci a Universidade Nacional de Santa Fé, na Argentina, onde participei de uma conferência internacional sobre identidade e cultura sul-americanas – retornei por Buenos Aires, para participar de um encontro de afrodescendentes; realizei um trabalho de pesquisa junto ao setor de treinamento de mão de obra rural da Organização Internacional do Trabalho, OIT, em Paramaribo, Suriname; reuni-me com afrodescendentes em Trinidad Tobago; compus a representação brasileira em um seminário sobre cultura negra WELMILERE em Cuba; passei pelos Açores e finalmente desembarquei em Costa Rica, onde encontrei Joyce Sawgers por indicação do professor Quince Duncan.

Depois de todas essas andanças, retornei ao México para comemorar o aniversário de Eloína. Era tudo de que eu mais precisaria para enfrentar os tempos seguintes.

Minha trajetória jamais foi linear. Tudo em mim é uma confluência de diversidades e adversidades, numa eterna aprendizagem. Busquei e tenho buscado seguir esse caminho sem sair de meus trilhos, mantendo-me com dedicação e firmeza.

Rio de Janeiro

Fui viver no Rio de Janeiro convidada pela dirigente nacional do MEB, Vera Jacoud, para trabalhar no Instituto Nacional de Colonização e Reforma Agrária, Incra.

Era 1968 quando cheguei ao Rio de Janeiro. Logo, fiz contato com Lília Ferreira Lobo, que conhecera no Maranhão. Foi ela que me levou para trabalhar em Duque de Caxias, na Faculdade de Educação Roberto Silveira, onde lecionei Sociologia. Duas vezes por semana fazíamos o percurso até a Baixada Fluminense. Na volta, não raramente eu passava em sua casa, jantávamos, e de lá eu seguia para o número 450 da Rua Assunção, em Botafogo, onde morava.

Por essa época, passei a colaborar com a Vanguarda Popular Revolucionária-Palmares,[7] a VAR-Palmares. Em consequência dessa colaboração, a pedido de James Allen Luz, aluguei um

7 Organização criada da fusão, em 1969, do Comando de Libertação Nacional (Colina), Vanguarda Popular Revolucionária (VPR) e outros grupos revolucionários do sul do país e da Bahia, para promover ações armadas de contestação à Ditadura Militar. Já em seu primeiro congresso, realizado naquele ano, divergências relacionadas à estratégia militar a ser adotada levaram, entretanto, ao desligamento de membros da VPR, que reorganizaram a antiga sigla. Em poucos anos, a VAR perdeu seus principais dirigentes, presos ou mortos pelo regime.

imóvel no Cosme Velho. Nesse contexto, pedi ajuda à Lília, também companheira na VAR, para alugar um apartamento, após ter deixado minha casa em Botafogo. Ela logo se prontificou e fez contato com seu ex-marido, Dilmar Santos de Miranda, que também foi preso pela polícia militar.

O preço que paguei pela militância nos anos de Ditadura foi muito desastroso. Desde os episódios já narrados sobre a intromissão dos militares no trabalho do MEB Maranhão, e nos anos seguintes, colecionei marcas dolorosas de um período macabro da vida brasileira.

Naquele endereço eu deveria abrigar Aderbal Coqueiro, membro da VAR, que, banido do território nacional após o episódio do sequestro do embaixador do Japão, retornava clandestinamente da Argélia ao Brasil, depois de passar por Cuba, Chile e Uruguai. Quando Coqueiro chegou à minha casa, minha mãe passava uns dias comigo.

Coincidiu de, naquela semana, eu viajar a serviço para Recife, com a missão dada pelo Incra de visitar um assentamento da reforma agrária em Caxangá. Fui recebida pela querida amiga Maria das Graças Correa de Oliveira, que propôs que eu ficasse em sua casa, na praia de Boa Viagem.

No domingo, iria encontrar James Allen Luz, companheiro de militância, que também viajara a Recife para participar de um seminário da VAR. Ao sair de casa, puxei novamente da memória as recomendações: tomar um determinado ônibus, seguir até o fim da linha e encontrar alguém que estaria à minha espera e me levaria até o local da reunião. Era 6 de fevereiro de 1971 – coincidentemente, dia em que aniversariava Andrea Romero, afilhada querida.

Ao dar os primeiros passos na calçada, notei que um camburão da Polícia Militar me aguardava. Tão logo me aproximei, obrigaram-me a entrar e levaram-me para o Quartel Geral de Polícia de Pernambuco. A noite seria longa.

Fui torturada por horas, mas consegui passar por aquilo sem dizer nada. Tinha comigo a missão de preservar pessoas que haviam tomado para si uma tarefa da maior responsabilidade. Era a direção, o comando da VAR-Palmares que se encontrava reunida numa praia. À medida que o tempo passava, imaginava se algum deles ainda estaria em perigo. Queria lhes dar tempo de sair de onde estavam e tomar as medidas de segurança necessárias.

Vinte e um anos se passaram até que eu soubesse que todos haviam deixado a reunião a tempo. De todo modo, alguém estaria me esperando naquele fim de linha de ônibus. Teria sido James Allen Luz em pessoa? Não sei. Tive notícia apenas de que ele ficara orgulhoso de sua ingênua companheira.

Quanto a mim, eles pouco ou nada poderiam fazer – por serem materialistas, nem rezar lhes caberia. Apenas imaginavam o que eu estaria passando naquelas horas e nas seguintes, uma vez que eu não cumprira o combinado.

Entrei no quartel somente com a roupa do corpo e uma bolsinha de passeio, com a qual passei quatro meses de total incomunicabilidade, em diferentes lugares.

Sem nenhuma explicação, fui levada a outro quartel, para ser submetida a um interrogatório que teve início ao cair da noite. Mais uma vez, fui barbaramente torturada. O choque elétrico, o pau de arara, a pancadaria, as ofensas pessoais que buscavam desestruturar psicologicamente os presos políticos – experimentei tudo isso com tal intensidade e crueldade que me vi aterrorizada nas mãos de meus algozes. Mas não entreguei ninguém, tampouco revelei algum segredo da organização a que pertencia. Mantive minha dignidade e meu compromisso, em especial a James Allen Luz, que depositava em mim tanta confiança.

O pau de arara era o terror maior. Pendurada de cabeça para baixo, com o pescoço virado para trás, sentia todos os meus músculos, ossos e veias doerem. Os choques elétricos, por sua vez, desestabilizavam todo o meu corpo e minha mente. Lembrei-me, então, de uma frase ouvida tantas vezes na infância:

— Moreira verga, mas não quebra! – e resisti até o fim.

Já era manhã do dia 7 de fevereiro de 1971 quando fui retirada da sala de tortura. Puseram-me sentada numa cadeira. Cochilei. Ao despertar, o dia já avançava. Levaram-me para tomar um banho. Do banheiro, ouvia alguém falando algo que não conseguia compreender. Era uma voz masculina. Para aliviar a angústia e o sofrimento, entoei um verso de Geraldo Vandré:

Na Avenida girando, estandarte na mão pra anunciar.

Imediatamente, a voz masculina respondeu, também em forma de canto:

Olha que a vida tão linda se perde em tristezas assim/ Desce o teu rancho cantando essa tua esperança sem fim/ Deixa que a tua certeza se faça do povo a canção/ Pra que teu povo cantando teu canto ele não seja em vão/ Eu vou levando a minha vida enfim/ Cantando e canto sim/ E não cantava se não fosse assim/ Levando pra quem me ouvir/ Certezas e esperanças pra trocar/ Por dores e tristezas que bem sei/ Um dia ainda vão findar/ Um dia que vem vindo/ E que eu vivo pra cantar/ Na Avenida girando, estandarte na mão pra anunciar.

Em seguida, fui colocada numa cela. O que eu jamais suspeitava é que naquele exato momento a polícia havia arrombado o imóvel que eu já desocupara em Botafogo e, em seguida, invadido meu apartamento no Cosme Velho, onde prenderam minha mãe e mataram Coqueiro, que vinha sendo seguido desde o Uruguai. Meses depois, vim saber que os jornais haviam noticiado minha prisão com manchetes do tipo "Terrorista presa em Recife abandona mãe faminta e analfabeta". O erro era triplo. Nunca fui terrorista e não havia abandonado minha mãe, que tampouco era analfabeta.

Até hoje nunca soubemos onde minha mãe esteve presa. Fato é que, misteriosamente, ela reapareceu em casa de Maria de Lourdes Ferreira Goulart, amiga desde o Maranhão, que se mudara para o Rio de Janeiro. É ela quem lembra:

— A volta de dona Albertina da prisão nos deixou emocionados. Ao atender à porta, tive um choque. Ela chegou sozinha, descalça, com os cabelos despenteados. Estava muito assustada. Ao reconhecê-la, meu marido não conteve o choro. Alguns minutos depois, soubemos que ela fora deixada pelos militares na praia de Botafogo. Morávamos na Rua Assunção com Barão de Lucena e, como ela não conhecia bem as ruas do Rio, nos intrigava como conseguira chegar até nós. Nem ela sabia dizer. Minha irmã Hildenê foi quem nos ajudou a pensar no que fazer naquela circunstância. Após um banho e um jantarzinho, ela descansou, enquanto providenciávamos sua ida para um lugar mais seguro, a casa de uma prima na Vila da Penha, pois éramos muito visados pela repressão. Um irmão estava preso, outra irmã exilada e, em razão disso, nossa casa já havia sido invadida várias vezes – numa dessas ocasiões, levaram inclusive minha mãe e outros parentes.

Dos momentos em que esteve presa, minha mãe revelou apenas um curto diálogo mantido com um dos policiais, que indagou se por acaso ela sabia que sua filha era comunista. Ao que ela respondeu:

— Não, ela não é comunista. Ela sempre gostou dos pobres.

O policial ironizou:

— Ah, ela é uma filósofa.

E minha mãe:

– Ela estudou Filosofia, mas não é uma filósofa como o senhor está pensando.

Junto com minha mãe, os policiais levaram um relógio que eu havia comprado no México, em companhia de Glória, a pulseira dada por Mamina por ocasião de minha formatura no Crefal, além de joias de família, presente de minha mãe na passagem de meu aniversário, em outubro de 1970.

De Recife embarquei para o Rio de Janeiro e fui deixada na Rua da Relação, onde funcionava o antigo Departamento de Ordem Política e Social, o DOPS. Ali pude ver de longe meu compadre Saul, maranhense, que vestia uma camisa de mangas compridas, de cor salmão. Puseram-me em uma cela tão pequena que o colchão mal cabia no espaço. Do DOPS fui conduzida, em meio a fortes ameaças, ao Destacamento de Operações de Informação/ Centro de Operações de Defesa Interna (DOI-CODI), na Rua Barão de Mesquita, conhecido como a casa do terror, da confissão mediante tortura, a que, mais uma vez, resisti.

Nesse meio tempo, meu amigo e companheiro James Allen Luz, muito corajosamente, visitou a casa de minha mãe em Codó, com a esperança de que eu lá estivesse. Frustrada a tentativa de me localizar, embarcou para o Rio de Janeiro, para encontrar Lília Ferreira Lobo, que também desconhecia meu paradeiro.

Credito minha sobrevivência à fé em Deus, em minha madrinha Santa Terezinha de Lisieuxe e às orações de minha mãe. Lembro como se fosse hoje o dia em que dindinha Filomena partiu para outra dimensão da vida e minha mãe disse:

— Agora somos somente nós duas. Reze. Rezar tem força diante de Deus.

Era o que eu fazia naquele momento difícil. Pedia por mim e por meus comandantes em chefe, nos quais confiava. Dali em diante, todos foram presos e, em seguida, morreram ou desapareceram. Breno, Quincas, Raimundo, Regina, Cristina, Villas e James Allen Luz, com quem esperava compartilhar minha vida. Não tive notícia de mais ninguém. Nunca soube do destino de Espinosa. De Ciro, advogado goiano que havia conhecido em São Paulo, atendendo a um chamado enviado por telegrama com os dizeres "corações em crise, venha urgente", soube apenas que foi morto no Rio Grande do Sul, em circunstâncias nunca esclarecidas.

O único que revi, tempos depois, pela televisão, foi Franklin Araújo – ex-marido de Dilma Rousseff e um dos mais competentes interlocutores que conheci naquela época –, que foi torturado e cumpriu rigorosa pena, como muitos dos companheiros presos pelo regime. Nesse mesmo período, perdi meu amigo Rui Soares Frazão, maranhense, militante de primeira grandeza, hoje considerado desaparecido político.

No DOI-CODI fui vítima de torturas físicas e morais. Diariamente, a possibilidade de ser chamada a "descer", com a cabeça coberta com um capuz preto e o salto do sapato quebrado, temendo cair nas escadas, me apavorava. Quando isso acontecia, éramos colocados em uma grande sala e, a cada vez que retornávamos dos infindáveis interrogatórios, encontrávamos novas pessoas presas, no lugar de outras que já haviam sido levadas dali, não sabíamos por que e nem para onde.

Minhas companhias mais frequentes eram Ângela Oliveira Muniz e as estudantes de Medicina Áurea e Conceição, além de uma senhora que jamais se identificou – sabíamos apenas se tratar da esposa de um operário. De todas elas, Ângela era a que havia chegado ao DOI-CODI em piores condições. Estava literalmente quebrada, não conseguia andar ou tampouco se movimentar. Tornamo-nos grandes amigas e fiz tudo o que estava ao meu alcance para oferecer os cuidados de que ela necessitava, no banho e durante as refeições. Ao deixarmos o DOI-CODI, seguimos para lugares diferentes.

Fui levada para o Campo de Infantaria de Gericinó, o CIG, onde pedi ao sargento do dia que intermediasse um encontro meu com o comandante. O comandante enviou o capitão Tovar. Meu objetivo era restabelecer o contato com o mundo lá fora. O capitão Tovar orientou-me, então, a indicar uma pessoa de minha confiança – posteriormente, os militares julgariam se a escolha seria digna de consideração por parte deles –, que seria informada sobre a situação em que eu me encontrava. Não tive dúvida: indiquei minha colega de trabalho no Incra, Marlyse Simonsen Moreira, que acedeu imediatamente ao meu pedido. No dia seguinte, às 10 horas da manhã ela compareceu no quartel acompanhada do advogado Dr. Osvaldo Mendonça.

A partir daí, todas as quartas-feiras, ela e Efigênio Moreira Salles me visitavam na prisão. Foram eles, a propósito, que tomaram todas as providências para que eu tivesse um advogado, doutor Oswaldo Mendonça, que daria entrada no pedido de habeas corpus, marcaria a audiência, conseguiria a minha liberação condicional e acompanharia todo o processo até minha absolvição. Nessas visitas, Marlyse e Efigênio levavam um pacote preparado com a ajuda dos amigos, com tudo de que eu precisava para sobreviver com um mínimo de dignidade – artigos de higiene pessoal, comida, roupas e até pequenos *souvenires*, cuja procedência eu prontamente identificava, que tornavam mais ameno o cotidiano na prisão.

Graças também à Marlyse pude restabelecer o contato com minha mãe, no Maranhão. Telegrafei a ela e recebi uma carta como resposta, depois de quatro meses de incomunicabilidade.

Meu reencontro com Ângela se deu semanas depois, no Batalhão de Carros de Combate, BCC, em Bonsucesso. Desde aquele dia, permanecemos juntas até a minha saída da prisão. Recordo que pessoas de sua família – dona Judith, Raimundo, Laura, Neomy, Mônica, Marcela, além dos irmãos que avaliavam seu estado de saúde –, a visitavam regularmente e chegaram a solicitar uma licença para que eu participasse daqueles encontros. Era um oásis para mim.

Todos eram muito cultos e levavam literatura da melhor qualidade para aproveitarmos o tempo. Li Dostoiévski, Tolstói, Gabriel García Márquez, Rosa Luxemburgo e tantos outros autores que ajudaram a formar minha consciência política e social. Era uma riqueza, que agradeço até hoje.

Abigail era outro exemplo extraordinário de militância, coragem e coerência. Ela, que não se encontra mais entre nós, legou a todos que com ela convivemos um exemplo de cidadã que, àquela altura, assim como eu e muitos outros, lutávamos por uma sociedade mais justa, igualitária, humana e democrática.

Na prisão também encontrei Vânia, de quem ganhei o livro *Alma no exílio*, de Eldridge Cleaver, que milagrosamente guardo comigo até hoje. Ler aquela obra me abriu novas portas para o entendimento das motivações que fundamentam as discriminações raciais, apoiadas nas sequelas do sistema colonial-escravista, que se reatualizam no sistema capitalista de produção.

Algumas de minhas companheiras de prisão interpretavam meu silêncio com desconfiança e preconceito. O fato de eu não ter confessado ser integrante da VAR me distinguia de alguns dos militantes que conhecia na prisão e explicava o meu isolamento naquele ambiente. Lembro-me de uma ocasião em que duas militantes conversavam sobre política e, ao notar a minha presença, uma delas disse:

— Maria, você tirou a bolinha do azar. Você não pertencia à organização e, por isso, não pode participar de nossas reuniões.

Sempre neguei minha participação por convicção política e por entender que era hora de resguardar as pessoas que permaneciam fora e continuavam lutando, convencidas de que naquele momento não havia alternativa - assim, pouco a pouco, todos tombaram como eu.

Passei nove meses e treze dias na prisão. Perdi tudo o que me pertencia, inclusive meus dois trabalhos remunerados, como Técnica em Educação no Departamento Nacional de Recursos Humanos do Incra e como professora de Sociologia na Faculdade de Educação do Instituto Roberto Silveira, hoje incorporada à Universidade Estadual do Rio de Janeiro (UERJ), pela qual fui anistiada em 2004, no cargo de professora auxiliar 20 horas. Durante esse período, fui privada de encontrar qualquer parente, até mesmo minha mãe. Pude contar apenas com o apoio de amigos, em diferentes momentos e circunstâncias.

Agradeço especialmente o apoio dado à minha mãe pelas antigas companheiras da república em São Luís. Além delas, contei em São Luís com a dedicação de Geny Murad, Maria do Socorro Barros, dona Iracema Barros, Ruth Muniz, Conceição Raposo, Raymonde Harchies, Claire Lanthier e Georgina Rabelo. Em Codó, foram amigos incondicionais Sílvia Nazaré de Castro Santos, Osmarina Vaz, meu compadre Saul Costa e os vizinhos – as Bayma, a família Machado, a família Macedo e o vigário da paróquia, padre Benedito Cutrim. Ainda fico emocionada quando me lembro das viagens que as meninas da república faziam de São Luís a Codó para buscar e trazer minha mãe às consultas médicas durante minha ausência.

Deixei o BCC no dia 19 de novembro de 1971. Antes disso, porém, ao receber minha ordem de soltura, o coronel Íris advertiu-me:

— A sua saída não foi decidida por unanimidade. Você não tem família no Rio de Janeiro. Sua liberdade é condicional, você não pode sair da cidade do Rio de Janeiro e deve comparecer semanalmente à 2ª Auditoria da Marinha para assinar a frequência. Seu direito de ir e vir, portanto, está limitado. Como perdeu seus dois empregos, lhe aconselho a permanecer aqui, onde você tem segurança, casa e comida. Fique aqui e espere o julgamento.

Não demorou, entretanto, para que minha amiga Ângela Oliveira tomasse a palavra e dissesse:

— Coronel, o senhor sabe que minha família tem posses e que Maria é minha amiga.

Essas dúvidas ampliaram o tempo de minha saída. Só no fim da tarde Marlyse e Efigênio conseguiram chegar ao quartel com uma solução para onde eu deveria dormir naquela noite. Enquanto eu esperava a chegada dos meus amigos que me levariam dali, o sargento do dia dançava para me distrair.

Decidiram me levar para um hotel em Ipanema, onde eu deveria aguardar até que fosse definida minha moradia imediata.

Quando me vi sozinha, um filme passou pela minha cabeça. Vivi uma noite de muito medo, um dos maiores por que passei em minha vida. Medo de que tudo pudesse recomeçar – a prisão, a tortura. Conforme já mencionei, nunca tive dificuldade para dormir. Naquela noite, porém, foi difícil relaxar.

Tudo, no entanto, se passou em paz e, logo que o dia amanheceu, segui para a casa de Nizete e Hélio, um casal de amigos que se dispôs a me receber, na Ilha do Governador – ambos eram próximos de minha família desde a época em que eu morava no Maranhão.

A casa, a companhia dos amigos, as águas, o verde, o acolhimento generoso, tudo me fazia feliz naqueles dias. O mais importante era retomar a vida fora da prisão – ver as pessoas, a rua, uma quitanda, uma loja, um mercado, uma feira. E, mais do que tudo, conversar, ter notícias de minha mãe, de minha casa em Codó e de meus amigos mais próximos, mais queridos. Como havia perdido todos os meus bens materiais, só trazia comigo minha alma, minha alegria, minhas esperanças, minha vontade de viver.

Àquela altura, já se aproximavam as festas de Natal e Ano-Novo e pedi licença para ir ao Maranhão ver minha mãe, minha casa. Fui e vivi uma de minhas maiores alegrias – reencontrei minha mãe, meus familiares e amigos. Que alegria rever minha mãe e a casa de que tanto gosto. Lá recebíamos as visitas dos amigos, que vinham saber notícias ou simplesmente manifestar a amizade e consideração que tinham para comigo. Tudo estava bem novamente.

Na volta ao Rio, me hospedei na Rua Paissandu, no Flamengo. Casa de Lília Ferreira Lobo, onde morei durante um ano. Foi para mim um oásis. Conversamos muito naqueles meses. Lá eu tinha todo o conforto e passeava o dia inteiro pelo bairro.

Aproveitei para fazer psicanálise. Era difícil para os psicanalistas que me atenderam naquela época compreender o contexto do qual eu vinha, minhas histórias e minhas queixas. Lília me ajudava como podia, com muita compreensão e paciência – alguns anos depois, fomos à Hungria, Tchecoslováquia e, mais recentemente, à África do Sul. Luciana, sua filha, hoje professora doutora da Universidade Federal do Ceará, era outra companhia que tornava mais amenos aqueles dias sombrios, vividos sob a Ditadura; daquele momento em diante, também nos tornamos amigas para sempre.

Não esqueço ainda outras amizades que eu reencontrava no Rio, como Adelaide Coimbra, Maria Amélia Carneiro de Sá,

Maria José Santos, Simone Gadelha, Odile Jaboulay. De todas elas tive apoio e carinho naqueles dias difíceis.

Registro aqui a minha profunda gratidão em reconhecimento à Marlyse Simonsen Moreira e a Efigênio Moreira Salles, por abrirem para mim as portas do mundo no momento que eu mais precisei.

Fui julgada pela Justiça Militar da Segunda Auditoria da Marinha em 1972. Minha absolvição, contudo, não tornou sem efeito as demissões do Incra e do Instituto de Educação Roberto Silveira. Só retornei ao Incra em 1985 pela anistia política, no fim da Ditadura.

Sem emprego e ainda aterrorizada pela experiência da prisão, não demorei a por novamente o pé na estrada. O pânico de novas represálias por parte do regime fez com que, pela segunda vez, eu deixasse o Brasil. Em março do ano seguinte, embarquei para a Cidade do México.

México – Canadá – São Luís – Codó

Passei um ano no México. Fui recebida pelo amigo e conselheiro François de L'Espinay e pela família Rivas de La Torre.

O reencontro com Angel e Pilly Marquina foi especial. Em busca de paz e proteção, fui hospedada por eles e os filhos Miguel e Diego. Antes de minha chegada, estes foram preparados para receber uma pessoa do Brasil, que precisava passar um tempo em casa deles para recuperar-se de alguns "problemas". À minha chegada, Miguel, de 5 anos de idade, o mais velho, surpreendeu-se e disse aos pais:

— Vocês disseram que íamos receber uma pessoa que passava por dificuldades, mas ela parece muito rica. Deve ter passado muito tempo de férias em Acapulco, tem a pele queimada de sol.

Acapulco era a praia mais elegante do México. A minha cor negra pareceu a ele um símbolo de riqueza, típico de quem pode demorar-se num lugar de veraneio. Agradeci a Angel e Pilly o fato de o filho não ter visto na minha cor uma classificação étnico-racial, um problema social. Foi tão bonito, reconfortador, fez-me sentir bem com minha própria pele. Anos mais tarde, reencontrei Miguel Angel em Londres, por onde passeamos antes de almoçar em um restaurante chinês, momento em que conversamos muito sobre o mundo e a vida; Diego, outro bom amigo, eu revi na Cidade Artística, no México, onde fica o museu Frida Kahlo.

Em Cuernavaca, revisitei o Ciruelo – entidade criada por François de L'Espinay para acolher latino-americanos que buscavam novos rumos – e o Cidoc, onde novas oportunidades de aprendizado se somaram a um ambiente de sossego e segurança – tudo o eu que mais precisava naqueles anos de chumbo. Passei também por Tazco com François, a convite do padre Luís Genoel; Progresso, onde trabalhava o padre Paniágua; Mérida, capital de Vera Cruz, que concentra boa parte da população negra mexicana, para um "descanso na loucura" – como escreveu Guimarães Rosa – que eram os estudos.

Enquanto estive no México, sonhava voltar ao Brasil, reencontrar minha mãe e trabalhar. Como a prisão me levara os dois empregos, minha vida no exterior não era fácil.

Escrevi a algumas pessoas de minha confiança para manifestar o desejo de voltar e pedir apoio e orientação. Irmã Maria Luísa de Mello, missionária de Jesus Crucificado, minha amiga da época da JEC, que havia testemunhado em meu favor no julgamento na Segunda Auditoria da Marinha, respondeu minha carta. E disse que havia uma vaga para professora de Inglês no Colégio Antônio Vieira, dos padres Jesuítas, em Salvador, na Bahia.

Foi então que François sugeriu que eu passasse alguns meses no Canadá, estudando inglês, antes de retornar. Concordei e, em quatro meses, fiz o curso intensivo da Berlitz School of Language. Paralelamente, tinha aulas particulares com madame Des Jardins, que formava um par extraordinário com seu marido

M. Louis. Lembro-me ainda do professor John. O casal Gerard e Marie Anne Artaud, amigos de François e com quem conversava muito, foram uns anjos na minha vida. Gente da melhor qualidade.

E, para variar, viajei de novo, e com Socorrinha Farias conheci as Cataratas do Niágara, em Ontário, Toronto; passamos por Otawa e chegamos até Gatineau, onde fomos majestosamente recebidas pelo casal Luís Mario Lula e Francisca Alencar Lula, Chiquita, conterrâneos e amigos especiais, que acolhem em sua casa com cuidados e gentilezas ímpares. É bonito passar por lá.

Era tempo de voltar. Minha mãe já havia completado 74 anos e vivia em nossa casa em Codó. Queria revê-la, nem que para isso tivesse de enfrentar a realidade que a Ditadura impunha a nós, a que nos rebelamos.

Decidi, com o apoio e iniciativa do meu amigo François de L'Espinay, retornar pela Guiana Francesa. Saí de Ottawa, no Canadá, desci no aeroporto de Cayenne e entrei no Brasil por Belém, de onde segui sozinha para São Luís. Tinha muito medo. Ao mesmo tempo, estava convicta de que precisava enfrentar tudo para rever minha mãe e voltar a ter documentos, residência, trabalho.

Em São Luís, fui recebida por Socorro Barros e Luís Motta. Fui para a casa de Socorro, no tão lembrado número 406 da Rua dos Afogados, meu antigo ninho, onde vivi oito anos com minha madrinha Nhazinha, à casa 627, e as oito irmãs "emprestadas", enquanto estudava. De São Luís parti para Codó. Era 1974.

Salvador

De Codó segui para Salvador, onde assumi o trabalho de professora de Inglês no Colégio Antônio Vieira. Em plena Ditadura, encontrar um lugar sossegado para morar não era fácil. Felizmente, encontrei a paz na Boca do Rio, em Salvador, onde me estabeleci junto com minha mãe, minha tia Benedita, Maria Alice, Fezinha e François de L'Espinay. Formamos ali uma família.

Era uma casa simples, de três quartos – dois pequenos e outro amplo – sala, banheiro e um quintal imenso, com bananeiras ao fundo e um quartinho que chamávamos Pegy. No Pegy, ficava Olivier, sobrinho de François, filho de sua única irmã, Jacquelene.

Minha mãe, tia Benedita e Fezinha dormiam no quarto maior. Um dos pequenos era de François. Eu e Maria Alice ocupávamos o terceiro, cuja janela dava para o quintal. Ali eu tinha uma pequena cama e uma bicama para Maria Alice.

Vinha gente de todo lugar para visitar nossa casa na Boca do Rio – Bahia, Ceará, Rio de Janeiro, Maranhão, Pará, São Paulo, Minas Gerais, Sergipe, África, Bélgica, Cuba, Espanha, França, Haiti, Jamaica, México, Nicarágua, Suécia e Estados Unidos. A casa era uma espécie de santuário que reunia crenças, pensamentos, culturas e religiões diferentes. Todos que chegavam tinham seu lugar assegurado, nossa mesa era farta e contávamos com o apoio de dona Adélia, dona Francisca e dona Iraci , com as quais convivíamos. Nela cabiam tanto culinária baiana como reinvenções que misturavam sabores da França, Maranhão e Bahia. Fazíamos reuniões, celebrações, encontros, reencontros e, sobretudo, muitas descobertas.

Uma das festas mais bonitas ali foi a comemoração do casamento de Maria Alice: casa cheia, muita alegria, recepção elegante, mesa farta, a presença da família do noivo, meu compadre Elias Lima, a noiva vestida em traje de gala. Tudo tão bonito!

François pôde retomar o contato com os amigos da comunidade da Igreja do Pilar – Lourdes Lima, Manoel e Anete, Dr. João Monteiro – seu médico até os últimos dias –, Eremita, Jean Bazan, Martha, Cilene, Geralda – também sua enfermeira –, Solange, Tetê e Ruth Vieira, com quem nos reuníamos com assiduidade, na Boca do Rio ou em suas casas, na maioria das vezes para comemorar aniversários.

Dr. João, por exemplo, nos recebia na casa da Pituba e na residência de praia em Ipitanga, sempre com muita gentileza. Nessa mesma época conheci Margarida Motta, arquiteta que projetou a casa do Alto da Bela Vista, 25, para onde nos mudamos após vivermos onze anos em Boca do Rio. O projeto era um primor e ainda hoje conservo a lembrança da vista para a praia de Itapuã. Também me recordo das professoras Dilza Alta e Judith e do professor Raimundo Duarte.

Reiniciei minha vida profissional na Bahia, no Colégio Antônio Vieira, que renovou meu contrato nos três semestres seguintes. Minha vontade, no entanto, era trabalhar com educação de base, rural, comunitária. Era para aquilo que havia me dedicado nos últimos anos. Queria implantar sistemas de educação pelo método Paulo Freire, auxiliar no desenvolvimento de comunidades rurais, levantar áreas, estudar realidades locais e formar lideranças para trabalho comunitário.

Por indicação de Nazira Vargas, do MEB Rio Grande do Norte, encontrei-me em São Paulo com Sinésio Bachetto, da equipe nacional do MEB Rio de Janeiro. E no Centro Nacional de Aperfeiçoamento de Pessoal para a Formação Profissional, o Cenafor, com Lia Teresinha Bianchi dos Reis, a estrela guia que me deu a ciranda!

Retornei a Salvador com uma carta de Lia para o Dr. Antônio Manoel Freire de Carvalho, então diretor técnico da Empresa de Crédito e Extensão Rural da Bahia, a Emcerba – depois Emater –, que ao ler a carta falou:

— O seu currículo e uma carta da Lia são suficientes para um trabalho que queremos realizar: formação de mão de obra rural – me disse o Dr. Antônio, com muita gentileza.

Estava contratada.

Foi assim que constituímos a coordenação do TMO – Treinamento de Mão de Obra Rural – na Bahia. Éramos Ana Maria Guedes e eu. Recordo de um breve incidente ocorrido nessa ocasião, que envolvia meu passado político. Ana, então, trancou-me em um banheirinho que havia em nossa sala e disse:

— Se você tem um problema político, não conte a ninguém, nem a mim.

Felizmente, nada de mais grave veio me perturbar nem ao nosso trabalho.

De qualquer modo, fiquei aflita e, ao relatar o fato a François, este me aconselhou a convidar Ana para vir a nossa casa. Ela chegou num domingo, num Fusca azul claro, acompanhada de Agnaldo, engenheiro da Coelba, com quem viria a se casar, e a cunhada Leninha. Preparávamos um *puchero*, um cozido uruguaio, que eles compartilharam conosco. Qualquer possível mal-entendido se desfez e a festa de casamento de Ana e Agnaldo foi realizada em nossa casa, na Boca do Rio. François e eu fomos padrinho e madrinha.

No decurso do nosso trabalho na Emater, visitamos todas as equipes regionais e estruturamos as equipes responsáveis pelo programa junto com os chefes dos escritórios locais e técnicos agrícolas. Tempos depois, Ana deixou a equipe para coordenar outro programa, no Instituto Nacional de Alimentação e Nutrição, Inan. Segui tocando os projetos de formação de técnicos e realizando treinamentos de mão de obra rural em todo o estado da Bahia.

Com Ana também conheci Dulce Maria Burgos, Dulcinha, que trabalhava com minha comadre Lícia Acácio. Convivíamos também com Teresinha Gomes de Cachoeira, irmã de Marcilino Gomes de Jesus, presidente da Fundação Casa Paulo Dias Adorno, da qual sou conselheira. Fui madrinha de casamento de Eró e Beto e de batismo de muitas crianças nascidas na época, como Andayê, filha de meus compadres Jane e Neu; Raimundo Lázaro, filho de Lícia; Pedro Abraão, primeiro filho de Fezinha; Lauro Henrique, primeiro de Alice; Pedro Alexandre, de meus compadres João Geraldo dos Santos Neto e Maria Amélia Seabra Martins, companheiros de trabalho na Emater Bahia. Por ocasião do casamento de João Geraldo e Maria, a propósito, celebramos o encontro das famílias lá em casa. A festa foi muito bonita. Também comemoramos o casamento de Eliete Mortmer e Abdon Jordão e de Maria Alice e meu compadre Elias Lima.

Tudo corria bem, mas o abalo causado pelas circunstâncias da morte de Coqueiro ainda atormentava minha mãe. Aquilo não lhe saía da memória. Em pouco tempo, ela pediu para ir ao Maranhão. Tinha muita saudade, sobretudo de seu irmão mais velho, meu tio Valério, o Indé.

Uma noite, para minha surpresa, Dr. Edvaldo Brito e esposa vieram à Boca do Rio avisar-me que o estado de saúde de minha mãe inspirava cuidados. Parti no dia seguinte, no primeiro avião. Encontrei minha mãe na Rua dos Afogados, 627, em casa de Ruth. Ela estava tão bonita! Mais magra, usava um vestido verde. Já não falava, entretanto. Consultei o doutor Amarino Oliveira, que cuidou dela naqueles dias, e ele sugeriu:

— Melhor levá-la para a Bahia. Lá tem um quadro médico com mais recursos.

Embarcamos no mesmo dia para Salvador. Com a doença, tudo mudou. Minha mãe passou um tempo acamada. Para as injeções, só confiava em Clara Lantier, amiga que, na época, fazia mestrado em Salvador. Além dela, só aceitava os cuidados de Maria Alice – creio firmemente que sua vocação de enfermeira consolidou-se ao cuidar de sua "dinha", dindinha Albertina, como ela chamava minha mãe.

No dia 17 de outubro, minha mãe deixou nossa casa na Boca do Rio para internar-se no Hospital Espanhol, de onde não saiu mais. Diariamente, Eliete, amiga da Emater, levava para ela um suco de frutas. Muitos queriam vê-la. Até que, seis dias após a entrada no hospital, deu-se a mais triste separação de minha vida, uma dor inexplicável para alguém que, como eu, havia sido amada de forma tão intensa e incondicional.

Semanas antes de partir, ela dizia:

— Tenho pena de deixar Lourdes sozinha neste mundo. Lourdes é tola, pensa que todo mundo é bom. Acredita em todo mundo, pensa que todo mundo é amigo.

Em Codó, padre Benedito Cutriz lembrou na homilia:

— Perdemos uma amiga, dona Albertina, a pessoa que mais me ensinou a fé em Deus, mais até que meus livros de Teologia.

Voltar a Codó não era fácil para mim. Minha mãe não estava mais ali. E a chuva, as noites, o canto dos pássaros, eram portadores de uma saudade tão profunda, quase solidão. Passei a me incomodar com alguns detalhes de nossa casa. Era tudo muito tradicional, quase uma reserva de peças de antiguidade. Louças, móveis, relógio, cadeiras, guarda-louça, petisqueira, mesa grande, eu achava tudo tão passado. Eu me sentia cercada de objetos que não acompanhavam a "modernidade"

Hoje lembro com profundo pesar o fato de ter retirado do salão de nossa casa o relógio tradicional, em forma de oito, com números em algarismos romanos, pêndulo dourado, mostruário decorado com arabescos, ponteiros de ferro agudos trabalhados. E de não ter zelado por outros objetos que compunham aquele ambiente de que guardo tão boas lembranças.

Por meio do etnólogo Pierre Fatumbi Verger, François estabeleceu contato com o Centro de Estudos Afro-Orientais, o Ceao. Conhecemos o professor Guilherme Castro, diretor do Ceao, a professora Yeda Pessoa Castro, Yeda Machado Ribeiro dos Santos, Maria da Paixão, Climério, dona Margarida, além de três jovens africanos recém-chegados a Salvador para fazer pesquisas para um curso de doutorado em Antropologia na Universidade Federal da Bahia: Kabengele Munanga, Yai Olabiyi e Dohou. Dessa data em diante, Kabengele Munanga – hoje professor titular da Universidade de São Paulo, USP – se tornou um amigo-irmão.

O Sr. Pierre Verger foi quem me levou ao Aganju pela primeira vez, como convidada de seu verdadeiro convidado, François. Ele queria que conhecêssemos a roça e o pai de santo. A amizade entre Verger e François era muito bonita. Eles se encontravam sempre para conversar em nossa casa na Boca do Rio, enquanto almoçavam ou jantavam.

Pouco a pouco, nos aproximamos do Terreiro Ilê Axé Opô Aganju. Terreiro de Nação Yorubá, Nagô ou Ketu, descendente do Ilê Axé Opô Afonjá, esta sob o comando da Iyalorixá Mãe Stella de Oxossi, cujo cortejo real era formado por dona Sofia, minha Mãe Pequena, dona Noêmia, dona Senhorazinha, dona Cantu e dona Pinguinho e dona Georgette – ambas Iya Kekerê –, nossas Egbômes.

Meses depois fomos escolhidos e, em seguida, confirmados. Passamos a pertencer ao Terreiro e à religião dos Orixás. Assim, eu fui confirmada Ekede de Xangô Aganju – que habita a cabeça do Babalorixá Senhor Balbino Daniel de Paula Obaraym – em agosto de 1975, durante a festa de Iyamassê, na Rua Saketê. Naquela noite, também foram confirmados os novos postos de Obás de Xangô, Kolabá de Xangô e Babakekerê.

Egbôme Ditinha – hoje Iyakekerê do Ilê Axé Opô Afonjá, filha biológica de Egbôme Senhorazinha de Oxum – visitou a casa da Boca do Rio. Ditinha é sobrinha de dona Sofia, Oiyá Keubé, minha mãe pequena de iniciação.

Ali também convivemos com Raimundo dos Santos, Faromi de Oxossi, o Babakekerê; Mary de Yemanjá, Kolabá de Xangô; Helena, Roxa, Lizeth, Cecy, Acelino e Samuel, filho de Oxum; Manuel, irmão de seu Flaviano; Carlinda de Oxumaré; Dona Creusa de Oxum.

É uma casa bonita, com muita gente bonita e muito Axé. No Ilê Axé Opô Aganju me foram destinados filhos e filhas rituais – Valquíria de Oxumaré, Tatá de Oxum, Chico de Oxum, Diva de Nanã e Marina de Ewá são alguns deles.

Por aqueles dias, um fato curioso se tornaria uma anedota entre os frequentadores da casa da Boca do Rio: ao conhecer o Babalorixá Balbino, François o convidou para um almoço. Sabendo que ele não comia sem feijão, o anfitrião foi ao mercado São Joaquim e comprou uns grãos vermelhos muito bonitos. Nada, entretanto, os fez amolecer. Descobriu-se, então, que não se tratava de feijão, mas de amendoins. Ao lembrar o acontecido, nenhum de nós era capaz de conter a gargalhada. Noutro dia, recebemos para um almoço o abade do Mosteiro de São Bento, Dom Timóteo Amoroso Lima. Servimos galinha ao molho pardo.

Foi na casa da Boca do Rio que, por iniciativa de Pierre de Molière – Pedro Paulo, que trabalhava no Polo Petroquímico com Luiz Operário, o hoje deputado federal Luiz Alberto –, o Movimento Negro da Bahia decidiu participar do filme *Entre o Céu e a Terra*, em 1975.

Na Boca do Rio também abrigávamos as participantes do Clube de Jovens Católicas, o qual Maria Alice integrava. Ali também se deu toda a preparação para a II Conferência Mundial dos Orixás – reuniões para refletir sobre como o Candomblé e a Igreja Católica poderiam articular-se. Na esteira desse debate, fizemos um encontro com lideranças do Movimento Negro em homenagem ao Ilê Aiyê, então representado por João Jorge, hoje Presidente fundador do Olodum. Para minha surpresa, lá apareceu Edna Roland, minha aluna em Codó. Nos demos um abraço demorado e choramos juntas.

Um parêntesis. Um ano depois de chegar a Salvador, eu havia vivido uma de minhas maiores alegrias ao acompanhar a primeira saída do Ilê Aiyê no Campo Grande. O que para mim parecia uma multidão era pouco mais de cem pessoas em trajes coloridos, mulheres em saias longas florais, que cantavam numa língua embolada, vatussi, o tema africano do 1º carnaval do Ilê, de uma região da África até então desconhecida. Nascia ali o primeiro bloco afro do Brasil comprometido com a luta contra o racismo – à qual se juntaria, tempos depois, o Movimento Negro Unificado, MNU.

O que mais encantava no Ilê Aiyê era o inusitado, a alegria, a afirmação da identidade negra, a coragem em forma de imaginação. A ideia havia brotado das cabeças de dois jovens negros do Curuzu – bairro de maior concentração de população negra no Brasil, que hoje abriga perto de 600 mil pessoas –, enquanto conversavam numa tarde de domingo sobre uma possível revolução cultural que partisse do bairro da Liberdade. Antônio Carlos dos Santos "Vovô", que ficaria conhecido como Vovô do Ilê, e

Apolônio, o Popó, hoje falecido, foram logo ao casarão da Rua do Curuzu, 233, para ouvir a opinião de Mãe Hilda, que concordou e abriu as portas do Ilê Axé Jitolu, seu terreiro de candomblé. Ali o Ilê cresceu e se desenvolveu até inaugurar sua sede, a Senzala do Barro Preto, no Curuzu, já no ano 2000.

Fui chegando devagar. Até conhecer Mãe Hilda, bati em várias portas. Conheci o presidente do bloco e a artista plástica e estilista Dete Lima e seu marido Paulo Cambuí. Aprendi no Ilê Aiyê a conviver melhor com a negritude, que sempre foi cultivada em minha família e no lugar onde nasci e cresci. E, sobretudo, com raízes da negritude diferentes da minha, embora muitos dos hábitos africanos que cultivávamos em nossa casa se perpetuassem com Mãe Hilda: o pedido de bênção, o respeito aos mais velhos, a religiosidade africana que transparece atualmente nos projetos educacionais do Ilê Aiyê.

Ali aprendi a apreciar nossos ritmos e a estudar a história da África, reproduzida no canto e na música inebriante da Ban'Aiyê e Band'Erê. Até me tornar diretora do Ilê, pelas mãos de Mãe Hilda.

Não tenho dúvida de que o movimento rítmico-musical inventado pelo Ilê foi responsável pela revolução que o carnaval baiano viveu a partir dos anos 1970. A partir daí, proliferaram no Brasil ritmos oriundos da tradição africana. Com seus três mil associados, o Ilê Aiyê é hoje um patrimônio da cultura baiana, um marco no processo de reafricanização do carnaval da Bahia. O Ilê mistura a ancestralidade africana ao contexto histórico-social do negro baiano, sem jamais abrir mão da ancestralidade que permeia os dilemas vividos pelos negros em todo o mundo.

Voltando à casa de Boca do Rio. O padre Raymond Paikar, reconhecido internacionalmente por suas reflexões sobre a posição da Igreja Católica ante as diversidades da sociedade contemporânea, reuniu ali, a convite de François, um grupo de amigos para tratar do assunto. E quando François de L'Espinay recebeu da Embaixada da França, em nome do governo francês, a medalha de honra "Chevalier D'Honneur", escolheu Pierre Verger para lhe condecorar, e a cerimônia teve lugar na Boca do Rio, com a presença de vários amigos franceses.

Pierre de Molière, a médica Maria e Jacques Duquesnne eram quem trazia as notícias da França. Invariavelmente, nossos encontros eram acompanhados de *souflé*, *coq-au-vin*, *consomé* de galinha, patê *en croûte* e um bom vinho. Brasileiros igualmente queridos eram convidados a participar.

O movimento naquela casa era constante. Lembro-me de terem também passado por lá nessa época Eni Moreira, advogada de presos políticos, do escritório do Dr. Sobral Pinto, Dr. Oswaldo Mendonça e Dr. Modesto Silveira; Hélio e Gogoia; Hermínia e Herberth; Maria Amélia Schmidt Carneiro de Sá, com seus filhos Zuzu, Patrícia e Neco; Marcelo e Gaby Crochet; Maria Luísa Fontenelle, que veio a ser prefeita de Fortaleza; Irmã Maria Luiza; Pedro, Maria de Jesus, Fabiana, Erika, que nos deixou cedo; Margot Neyrand, filha de Jacquelene Neyrand; Inês, Jair e Alaíde; o haitiano Pierre; Josiane Lechat Carvalho, Luís Carlos Carvalho, Françoise e Livia Lechat Carvalho; Bavaud, Chica e Bernard; dona Neuza; Lourdes; Hildenê; Andrea; Marcinha Araújo Ferreira Diniz; Jean, Marlene e Magy Boujolais; Raquel "Beauvoir"; Maria do Socorro Barros Mota; Dominique De Menil; Nabila De

Rooby; Dom Xavier Gilles de Maupeou; Elisete Shering e Wantuil Siqueira; Marinalva e Rogério Velo; Lília Ferreira Lobo; Maria Angélica Borges Rodrigues; seu Crisógono e dona Murita, filhos e genros; Irmã Zoé, Luísa Salles e Silvio Galvão.

Em 1980, juntou-se a nós minha prima Maria José Moreira, filha de meu tio Valério, vinda de Codó. Nesta época, ela e Loreta estudaram Enfermagem na Sagrada Família. Fezinha foi para o Rio de Janeiro, de onde retornou a Codó. É proprietária de um box, no Mercado da Cidade Alta, de venda de peixes, cria os quatro filhos, é diplomada professora normalista e estuda pedagogia na Faculdade Latino-americana de Educação. Maria Alice, por sua vez, depois de se casar com meu compadre Elias – este, infelizmente, já falecido –, mudou-se para o Pará e abriu uma pequena farmácia – hoje, ela se prepara para tornar-se farmacêutica de profissão –, tem três filhos e mora em Icoaraci, onde é líder comunitária na área da saúde.

Àquela altura, eu já havia viajado por grande parte do estado da Bahia. De memória, acredito ter percorrido pelo menos 32 cidades importantes para o desenvolvimento do trabalho que realizávamos na Emater.

A experiência me valeu o convite do Dr. Luís Otávio da Justa Neves, coordenador nacional do TMO, para integrar a equipe do Programa de Ação Direta do Serviço Nacional de Aprendizagem Rural, Senar, vinculado aos ministérios do Trabalho e Agricultura.

Foi assim que parti para Brasília.

Brasília

Ao chegar a Brasília, fui recebida por Filomena Braga da Silva, minha amiga e conterrânea, cuja amizade se fortaleceu quando do meu retorno a Codó, professora no Educandário Santa Filomena, onde estudavam seus filhos Joana Maria, José Antonio e Fernanda, que antecederam Lourdinha e Sergio, todos meus amigos muito especiais. Segui, então, para a SQN 107, casa de Aldayr Brasil Barty, a Dadá, que havia sido minha coordenadora nacional no MEB. Ela me levava diariamente ao Senar em seu Fusca amarelo.

Graças à experiência que havia acumulado em extensão rural na Bahia, consegui implantar no Senar o Programa de Ação Direta de formação profissional. Formamos equipes, treinamos muitos técnicos, tudo deu muito certo.

Em Brasília também morei com Gogoia e Hélio Moreira, até que, finalmente, pude alugar um apartamento e convidei para morar comigo um casal de africanos, Aquitânia e Faustino, ambos da Guiné-Bissau. A partir daquele momento eu viveria algumas das situações mais difíceis já enfrentadas em minha vida, que por muito pouco não abalaram meu relacionamento com velhos amigos. Precisei da ajuda de François, que veio especialmente de Salvador para me orientar sobre como agir por me ver sozinha novamente. Até que recebi o convite de Hildenê e Andrea para morar com elas – um oásis. Nossa amizade era feita de respeito e reciprocidade.

Os bons frutos do trabalho me levaram novamente ao exterior. Fui convidada para integrar uma missão brasileira que percorreu a África, Europa e Oriente Médio, em 1981. Na Costa do Marfim estive em Abdjan, Bahia Khro, Buaké e Grand Bassan, para conhecer organizações comunitárias de desenvolvimento rural. Passei por Tel-Aviv, Israel, para pesquisar experiências de desenvolvimento rural em projetos de irrigação e trabalho comunitário em kibutz e moshav. Aproveitamos a viagem para visitar Jerusalém, Nazaré e Jericó. E estudei sistemas de desenvolvimento e educação rural em comunidades de periferia de grandes cidades como Roma, Turim e Milão, na Itália; Paris, França; Berna e Estrasburgo, Suíça.

Já de volta ao Brasil, àquela altura, porém, minha vontade era mudar de ramo e rumo. Queria voltar a estudar, para compreender melhor a sociedade e contribuir mais efetivamente com a justiça, a igualdade e o combate à pobreza. Despedi-me, então, de Brasília para fazer mestrado na Pontifícia Universidade Católica de São Paulo (PUC-SP).

São Paulo

Em 1980, ao entrar em férias no Senar, fui passar alguns dias com Nazira, em Varre-Sai, interior do Rio. Já me preparava para a seleção de mestrado na Pontifícia Universidade Católica de São Paulo, um sonho antigo. Nazira me orientou muito, me ajudou em tudo. Fui a São Paulo, fiz o concurso e fui aprovada. Foi Edgard de Assis Carvalho quem me deu a notícia, por telefone:

— Você é filha da PUC.

O Senar não concordou em reduzir pela metade minha carga horária em Brasília. Não tive escolha senão pedir demissão.

Por recomendação de Isabel, vizinha de Hildenê, aluguei um quarto perto da PUC. Fiquei pouco tempo ali, até me transferir para a Rua Paracuê, casa de Rose e Malu. Tempos dificílimos. Quase entro em depressão, coisa que não tive nem na prisão.

São Paulo foi "duro, difícil e pesado", expressão que li na juventude em Rainer Maria Rilke, à luz do candeeiro, em minha casa em Codó. Durante todo o tempo do mestrado eu chorava à toa. Eram prantos profundos, que vinham de minha alma inteira.

Convidada por Ana Maria e Alaíde, segui para Poá, cidade próxima da capital, onde fui recebida com muita delicadeza, cuidado e respeito – sinto que até hoje não consegui agradecer à altura tudo o que elas fizeram por mim naquele período. Nos dois dias da semana em que frequentava as aulas, dormia em Perdizes, no apartamento de Tina, irmã de Ana Maria, a quem eu não apenas respeitava como admirava muito.

Na PUC, tive a oportunidade de estudar com alguns dos maiores mestres. Fui aluna de Florestan Fernandes, Octavio Ianni, Paulo Freire, Edgard de Assis Carvalho, Cândido Procópio Ferreira de Camargo, Luiz Eduardo Wanderley e Carmen Junqueira.

Dos laços que criei na universidade, sem dúvida o principal deles foi com o professor e escritor costa-riquense Quince Duncan, a pessoa que mais contribuiu com a construção de minha dissertação de mestrado. Em minha segunda passagem pela Costa Rica, em 2014, soube por ele próprio que havia sido homenageada em um livro de sua autoria: uma das personagens, Lulu, havia sido inspirada em mim.

De ascendência jamaicana, Quince nasceu em San José e cresceu no Caribe costa-riquense. Licenciado em Estudos Latino-Americanos, *doutor honoris causa* pela Universidade de Saint Olaf, hoje ele dá aulas na Universidade Nacional da Costa Rica. Um dos maiores ativistas que conheci, integrou diversas instituições internacionais de combate ao racismo, como o Conselho Mundial das Igrejas, o Conselho Episcopal Latino-Americano, a Unesco, a Unicef, o African Diasporan Project e o Instituto Interamericano de Direitos Humanos. Hoje, também é professor da Escola de Líderes da Odeco, em Honduras.

Logo que cheguei a São Paulo procurei Kabengele Munanga, que, além de professor, era diretor do Museu de Arqueologia e Etnologia da Universidade de São Paulo, USP. O professor

Kabengele foi outro grande apoiador que tive durante o mestrado. Além de ter me ajudado muito com seu conhecimento, ele fez questão de estar presente na defesa de minha dissertação. Naquela época, também conheci sua esposa, a psicóloga Irene, que se tornou uma amiga-irmã, e os filhos Bukassa, Colela, Ilunga, Papi e o caçula Mulumba.

Certa vez, ao participar de um congresso de professores pesquisadores negros em Florianópolis, Santa Catarina, presenciei um dos momentos mais bonitos de uma vida acadêmica, que teve Kabengele como protagonista. Convidado a proferir a conferência magna, ao entrar no salão nobre da universidade ele foi ovacionado por aproximadamente mil pessoas, tal a admiração que despertava. Generoso, o amigo esteve presente em todas as bancas de meus orientandos de mestrado e doutorado durante o tempo em que trabalhei na UFBA.

Na PUC também assisti aos primeiros passos do Instituto de Pesquisas Afro-Brasileiras, Ipeafro, criado e coordenado pelos professores Abdias Nascimento e Elisa Larkin Nascimento. Naquele ano, estive na III Conferência de Cultura Negra das Américas, organizado por ambos, do qual participaram lideranças do movimento negro do país inteiro.

Assim que concluí os créditos do mestrado na PUC, viajei de férias a Salvador, com Ana e Alaíde. Da PUC, levei Angélica, amiga querida, que espero reencontrar um dia. Mas a Boca do Rio já não era a mesma. Foi difícil passar ali aqueles dias.

Retornei a São Paulo no começo do ano seguinte para cursar uma disciplina complementar, Estudos Brasileiros, uma exigência do governo da Ditadura.

Ao dar por terminada a primeira versão do meu trabalho de mestrado, o cansaço era tamanho que precisava sair daquele ambiente e me desligar de tudo por certo tempo, me refazer. Por puro acaso, em Porto Seguro, conheci Márcia, uma portuguesa que me levou a uma casinha coberta de sapé, bonita, confortável, como aquelas que encontramos em aldeias da África. Ficava de frente para um rio de águas calmas. Márcia era a dona da casa, a que chamava de cabana. Logo, chamou seu Lourenço, o caseiro e pediu a ele que me desse, além de atenção, uma refeição por dia.

O caseiro perguntou:

— Dona Márcia, de onde vem essa irmã? – ela não respondeu; fazíamos um "negócio" e a quebra da formalidade não convinha ao momento; ele, no entanto, insistiu:

— Essa minha patroa me faz cada coisa. Essa moça é baiana, é irmã da gente.

E dirigindo-se a mim:

— Minha patroa, me desculpe, mas de onde a senhora está vindo para parar aqui nesse lugar?

Resumi minha história: sou maranhense e vivo na Bahia há alguns anos.

E passei a noite ali, no chalé da Ilha de Santo André.

No dia seguinte, ao abrir a porta, me deparei com seu Lourenço, que vinha saber se tudo corria bem. Em pé na porta, disse:

— Moça, quando a senhora chegou, vi que dona Márcia estava trazendo gente de minha nação. O velho aqui é Omulu. Tenho 73 anos, nasci no dia de São Lourenço. Não tenho casa porque não quis entrar em complicação. Então, fiquei aqui sozinho com minha velhinha. Estamos juntos há mais de quarenta anos. Ela é de Nanã Buruku e Obalwayê. Eu sou pobre, nada tenho, mas nunca me faltou o pão de cada dia. Trabalho e tenho fé. Aqui nada lhe acontece, só se Ele mandar. Sei resolver tudo o que me aparece pela frente. Quando uma coisa vai acontecer, estou sabendo antes.

E, de um fôlego só, prosseguiu:

— Desde o momento em que pus os olhos de fora para este mundo, sei de tudo o que se passou. Já o que aconteceu de ontem pra cá eu não lembro. Sou analfabeto, mas tenho comigo uma coisa: nunca bati, nem apanhei, não sou de briga. Mas feliz de quem eu gostar e infeliz de quem não. Essa moça, essa portuguesa, ela não sabe, mas ela tem muita cabeça. Trabalho para ela há sete anos.

Então, pediu licença para "dar as ordens". Foi quando chegaram duas moças de Santa Cruz de Cabrália. Uma trazia um pacote e a outra, uma cambada de peixe. Eram os preparativos para o meu almoço. Pedi peixe com arroz e maxixe. Seu Lourenço aproveitou a deixa:

— Eu sabia que a senhora sabia quem eu era. Que era da minha nação e compreende essas coisas.

Aquilo tudo me impressionou. Em primeiro lugar porque notei o quanto para a raça a religião se sobrepõe à questão da classe. Percebi que seu Lourenço queria dizer que, além de caseiro, era negro e tinha uma religião, que nos tornava iguais na fé.

Concluí e defendi minha dissertação de mestrado em 1982, quando fui recomendada pelo professor Octavio Ianni a prosseguir meus estudos num doutorado – conselho que vim a seguir, três anos depois. Gosto de relembrar que a minha dissertação foi aprovada com a nota dez inteiros.

Como apoio de Edna Farias, amiga desde os tempos de MEB Maranhão, retornei ao Incra. Tudo corria bem, exceto pelo fato de naquele ano François ter precisado ir duas vezes aos Estados Unidos para se submeter a cirurgias arriscadas.

Um dia, enquanto eu estava trabalhando em Vitória do Espírito Santo a convite de Elisete Shering, companheira do MEB Maranhão, François recebeu a visita do professor Maurice Godelier, recém-nomeado diretor no *Le Centre National de La Recherche Scientifique*, o *CNRS*, em Paris. Ao passar os olhos pela estante, um livro chamou sua atenção: *Godelier*, de Edgar de Assis Carvalho, uma referência do curso de mestrado em Antropologia da PUC-SP. Ao abrir o volume, notou que as páginas haviam sido "trabalhadas" por mim – ali estavam meus grifos e perguntas. E disse que estaria disponível a me receber na École des Hautes Études en Sciences Sociales, EHESS, para o curso de doutorado na França.

As portas da Europa se abriam para mim e eu não perderia a oportunidade de atravessá-las.

França – África do Sul

O professor Maurice Godelier ministrava um seminário de Antropologia todas as segundas-feiras na Maison de Sciences de L'Homme da EHESS, no Boulevard Raspail. Ainda hoje o curso é frequentado por professores, estudantes e pesquisadores da Europa, África, Ásia e das três Américas, entre os quais, brasileiros. O professor Godelier é daqueles homens sábios, cuja consistência intelectual fez dele um dos mais importantes antropólogos do mundo na atualidade, reconhecido pelas mais diferentes escolas de pensamento. Agradeço à vida pela honra de tê-lo como orientador de minha tese de doutorado.

Na Sorbonne, estudei com os professores Louis Vincent Thomas e Calude Riverre, assisti a aulas de outras disciplinas da área de Ciências Sociais e o curso de História da professora Kátia Mattoso.

Ernestine Shiaka foi a primeira amiga africana que fiz em Paris, na EHESS. Logo, ela me convidou para conhecer seu estúdio, um pequeno mirante sobre um prédio na Rue de Rennes, número 6, onde me apresentou a Françoise Kabá, Fanta, filha de pai africano e mãe francesa – ambas também preparavam suas teses de doutorado. Elas me apoiavam muito. Aprendi muito com

Shiaka e Fanta. Tempos depois, Shiaka se casaria com Samba, um senegalês que residia em Moçambique, para onde ela partiu – espero reencontrá-la um dia. Estive presente na defesa de tese de Fanta na Universidade de Nanterre e no almoço que comemorou sua titulação, em casa de sua mãe.

Em Nanterre, por coincidência, reencontrei Shoa Ashaha, a quem havia visto pela primeira vez, ainda recém-chegada à França, numa daquelas manhãs do ano de 1986, enquanto atravessava a pesada porta de vidro que separava a calçada da EHSS, quando me deparei com um movimento idêntico de uma belíssima africana, jovem, elegante, que me cumprimentou com o olhar. Retribuí a saudação enquanto imaginava quem era ela e de onde vinha – dias depois, Shoa, a irmã africana que a vida me deu em Paris, me diria ter pensado o mesmo a meu respeito.

Shoa me convidou para ir à sua casa em Creteil, que passei a frequentar. Ali tive a honra de encontrar sua mãe, uma rainha eritreia. Altiva, serena, elegante, me recebeu de uma maneira tão cálida! Não trocamos palavra – ela só falava o idioma da Eritreia –, mas nos entendemos perfeitamente, graças à nossa origem comum. Shoa ainda me fez conhecer seu irmão caçula, Salomon, e muitos outros amigos africanos, como Jean Pierre, da República dos Camarões.

Meus estudos também me levaram a Cotonu, Pobé e Lomé – onde me encontrei com o rei de Ketu –, em Benin, e a Anesho, no Togo. Meu objetivo era pesquisar a religião dos Orixás em países africanos de cultura Yorubá. Ali convivi com famílias tradicionais, que preservavam os costumes religiosos de nossos ancestrais – famílias Adandê, Assabá e Lawson.

O período em que vivi em Paris foi pontilhado de boas surpresas. Uma delas foi o encontro com a família Brenneur, a pedido do padre Xavier de Maupeou. Passei uma temporada em companhia de Maria Clara, Jacques e Nathalie, a filha caçula, muito simpática e acolhedora – os outros filhos viviam na França, Inglaterra e Canadá. Passeávamos muito. Certa vez, fomos à casa de montanha da família em La Ramie, Auvergne – tempos depois, nos reencontramos na Bahia, onde passamos um Natal juntos em minha casa, em Salvador. Tudo muito simples e afetuoso.

Em busca de espaço para redigir os capítulos finais da tese, vivi um tempo na Casa da Espanha, na Cidade Universitária da França, de onde fui sumariamente despedida, sem nenhuma explicação ou justificativa. Encontrei minha mala na recepção. Já era noite e fui à Casa do Brasil falar com Zeni Duarte, que, naquela época, lá vivia com sua família. Contei a eles o que se passava e imediatamente me puseram no carro para buscar minha mala e trazer-me de volta, para descansar naquela noite.

Na manhã seguinte bem cedo, fui a Vanves pedir a Juliette Lagarde que me acolhesse por alguns dias. Juliette vivia e trabalhava em um posto de saúde, o Instituto Lane Long. Ela conversou com a diretora e fui recebida no melhor estilo francês, até a defesa de minha tese. Juju é uma das melhores pessoas que conheci. Educada, fina, generosa, corretíssima consigo mesma e com os amigos, viver com ela foi uma eterna festa. Frequentemente recebíamos seus amigos e os meus. Ali pessoas se conheciam e trocavam afeto e conhecimento. Era um alento naquele momento em que eu tanto precisava. Convivi com sua sobrinha Brigitte Pacaud, arquiteta, elegante, preparada, generosa como

Juju, que também se tornou amiga. Os melhores amigos de Juju eram Anne Marie, Pierre e Anne Karine, todos da família Musy, ótimas pessoas. Com ela também conheci Dora, uma norte-africana muito admirada, que fazia por merecer.

Ali tive tranquilidade para estudar e fui mais feliz. Criei uma rotina: além de assistir as aulas do professor Godelier, era visitante assídua da biblioteca da EHESS e de outras como a Beaubourg – maior espaço cultural-educacional de Paris –, em Les Halles.

O curso da professora Kátia Mattoso – mulher bonita, altiva, com a segurança e sabedoria de uma grega –, intitulado "Brasil Moderno", também era marcado na agenda. Todas as quartas-feiras, Maria Inês Cortes de Oliveira, Bira Castro e esposa, Marco Aurélio e Narcimária Luz e eu nos encontrávamos em Paris IV, Sorbonne antiga, para aprender com ela. Terminada a aula, lanchávamos nos cafés da Sorbonne, continuamente um *croque-madame* ou um *croque-monsieur*. Também adorava encontrar Gabriel Frederic Passjou, filho de Edna Farias, que viajara para Paris para conhecer suas raízes paternas, estudar a língua e providenciar a cidadania francesa.

Maria Inês foi sempre muito simpática. Frequentei sua casa em Père Lachaise, bairro do cemitério onde estão guardadas as simbólicas reminiscências de Abelardo e Heloísa. Hoje professora aposentada da UFBA, ela mora em Salvador com seu companheiro Márcio, procurador aposentado da República, com quem é casada há mais de quarenta anos.

À medida que se aproximava o momento de concluir a tese, encaminhá-la para avaliação e aguardar o dia da defesa, a tensão pulsava cada vez mais. Mas havia excelentes compensações: a casa segura para morar, a confiança de meu orientador e a companhia de meus colegas do curso de Antropologia, especialmente as "comadres" colombiana, Glória Valbuena, e mexicanas, Yuridia Iturriaga e Helena Lazos, além do amigo em comum Chatou Zubier. Por meio de Inês Fontes, também me aproximei de Babacar Sall, africano. A Olenka Nidzgorski fui apresentada na biblioteca do Centro de Estudos Africanos, onde ela era bibliotecária diretora.

Na data marcada para a defesa da tese, Juliette e Brigitte levaram salgados e champanhe. Saboreamos em companhia da professora Kátia, dos professores Godelier, Marion Aubree e Olivier de Jardin e de um grupo de convidados – Shoa, Salomon, Glorinha Ferreira, Carmem, Mirreille, Jê Gouzo, Zeni Duarte e Babacar Sall, esposa e filha, Maria Aída, além da cunhada. Babacar, a propósito, ajudou-me a traduzir o texto de apresentação para minha defesa de tese.

Oxum jogava água, abençoava, reinava em um dos momentos mais felizes de minha vida. Quanta alegria!

A professora Kátia Mattoso foi a presidente do júri e coube a ela, portanto, ler o resultado de minha luta mais tenaz. Fui diplomada doutora em Antropologia Social e Etnologia pela EHESS com a nota *três honorable.*

Proclamado o resultado do júri, começamos a festejar. Recebi lindas homenagens em casa de Juliette. Glorinha, filha caçula da família Araújo Ferreira, organizou uma recepção encantadora, com a presença das amigas Juju, Brigitte, Carmen, Shoa e Zeni.

Salomon – que havia se casado com Índia, africana da Etiópia – também cedeu sua casa para que Shoa preparasse uma festa africana a rigor. Naquele dia foi servido um prato típico da Eritreia, que celebrou nossas raízes, nossas histórias, nossas diferenças e, acima de tudo, nossa amizade – ainda guardo comigo fotos de todas nós dançando no salão.E assim se sucedeu nas casas de Maria Inês, Mirreille e Jê Gouzo. Tudo muito espontâneo, como observou na época a professora Kátia entre festas, alegrias, jantares, almoços, encontros de felicidade.

Algum tempo depois, tive a felicidade de reencontrar Shoa em minha casa na Bahia, onde fizemos um almoço de Páscoa com a família Jitolu-Ilê Aiyê, que a reconheceu como irmã ancestral. E também de reencontrar a professora Kátia Mattoso quando do lançamento de seu livro *Bahia no Século XX*, em Salvador. Depois disso, voltamos a nos ver na entrega do título de *doutora honoris causa* conferido a ela pela Universidade Federal da Bahia, uma alegria para todos que tivemos o privilégio de ter por perto alguém tão especial.

Devo ainda esta rica temporada de estudos em Paris e na África a M. Basile e Claude Assabá, Dominique de Menil, Dom Xavier Gilles de Maupeou, Hélene Riviere D'Arc, Jacques Duquesnne, professor Kabengele Munanga, Latré Sibi Lawson, professora Mary Douglas, Nilza Sacramento Vouller, Odile Jaboulay, Paulo Rogério Guimarães, Raymond Harchies, Teresa Dreyer e às famílias Adandê e Alencar Lula, que me estimularam a seguir adiante com acolhimento, amizade e apoio excepcionais.

Tenho um agradecimento especial à Raymonde Harchies que me acompanhou com generosidade em toda a minha passagem pela França, seja traduzindo minha tese de doutorado, seja me recebendo tantas vezes em sua casa em Bruxelas – La Hulpe, onde conheci sua família, especialmente Dona Alice, Madame Herchies, além de amigos com quem convivi e reencontro hoje.

Para completar a alegria só me faltava ter ao lado o amigo François, que nos deixara em 18 de dezembro de 1985 – um dia triste, de dor profunda. Fui então ao México, rever os amigos. Ali encontrei Ivan Illich e Valentina Borremans, em Ocotepec. Um prêmio em minha vida! Em meio à conversa, Ivan consolou-me:

— Ele partiu sem dizer nada. Não teria nada a dizer. Só tinha um gesto para você: foi seu amigo todo o possível que podia ser; não perca sua ingenuidade, sua virgindade; você tem irmãos e irmãs que são heranças de Francisco; guarde seu Xangô com você.

No México, também visitei lugares históricos como Chicheniza e Teothiuacan, e fui a Vera Cruz, Xochimilco, Huixquilucan – para onde os Rivas de La Torre haviam se mudado –, Tecamachalco – onde revi Glória e Juancho –, Guanajuato e ao lago Xotimilco.

Até hoje lamento não ter podido dividir com minha mãe, meu pai, dindinha Filomena e François L'Espinay toda essa felicidade e as experiências que ainda viriam.

Feira de Santana – Salvador

Em 1985, havíamos nos mudado da Boca do Rio para o Alto da Bela Vista, 25, em Itapuã. Para lá seguiu o mesmo elenco. Quando cheguei à Bahia de volta da França, a casa tinha ganhado pintura nova e fui recebida com um buquê de flores no aeroporto. Os amigos me esperavam em casa para um jantar. Tudo preparado por Maria José, Leda Loreta, Maria do Espírito Santo e Quinquinha.

Retornei ao Incra e tratei logo de retomar o contato com Ivone e Erivaldo, com quem convivi em São Paulo e que me falaram da oportunidade de um concurso para a cadeira de Metodologia de Pesquisa em Educação na Universidade Estadual de Feira de Santana, UEFS, da qual o professor Erivaldo era vice-reitor.

Não era fácil a preparação para esses concursos. Meus estudos são em Ciências Sociais e Antropologia Social e Etnologia, com especialização em Antropologia de Populações Afro-Brasileiras – nunca me arvorei a adentrar a área da Antropologia Africana, embora tenha estudado muito seriamente o assunto no curso do professor Elikia M'Bokolo, na EHESS. Escolhi a disciplina dele como minha área de pesquisa; aprendi muito com as pessoas que por ali passaram e seus estudos a respeito de populações e regiões, temáticas as mais diferentes que eu lia e compartilhava com intelectuais africanos.

Concentrei-me nos estudos para o concurso e fiquei em primeiro lugar. Em 8 de março do ano seguinte, Dia Internacional da Mulher, fui nomeada. A banca examinadora era formada pelas professoras Iraci Picanço, presidente, Leda Jesuíno e Eunice – que coordenava o Colegiado em Educação –, das quais também me lembro com carinho.

Tinha muito entusiasmo com minha carreira em Feira de Santana, mesmo com todo o desgaste das viagens. No começo ia à Feira três vezes por semana. Acordava entre quatro e cinco da manhã para estar no Iguatemi pontualmente às seis, onde o ônibus da universidade nos esperava. Ali fiz excelentes amigos. Além da professora Eunice, convivi muito com a professora Jaciara e os colegas Oscar e Elisete, que havia conhecido no Encontro da Consulta de Cultura Negra, onde conheci o professor Quince Duncan.

A disciplina à qual me dediquei, contudo, deu-me a oportunidade de articular ao conteúdo meus estudos de Antropologia, na perspectiva da compreensão dos processos de construção social do conhecimento, da relação das categorias teóricas e da apreensão da realidade. As orientações teóricas da pesquisa científica sobre saberes das mais diferentes civilizações operaram o grande milagre que se deu comigo. Aprendi muito a produzir conhecimento do ponto de vista não hegemônico, que comporta diversidades étnico-raciais, socioeconômicas, políticas e culturais. Ironia da sorte! Hoje muita gente trabalha com pesquisa; naquela época, era difícil trilhar esse caminho.

A vivência em Feira de Santana me levou a prestar um concurso para a disciplina de Pesquisa Aplicada à Administração, da Escola de Administração da Universidade Federal da Bahia, UFBA. Mais uma vez, fui aprovada em primeiro lugar. Pedi demissão da UEFS e fui contratada pelo Núcleo de Pós-Graduação em Administração, NPGA.

Passei quinze anos na Escola de Administração. Era um tempo de efervescência em Salvador, que tomava conta tanto do ambiente acadêmico quanto dos movimentos sociais. Debatia-se muito sobre a dimensão estruturante das tradições culturais e religiosas negras nos blocos afro, nas rodas e escolas de capoeira, nos afoxés, nos terreiros de Candomblé. As ações sociais nos blocos e terreiros se multiplicavam.

O NPGA da UFBA foi pioneiro ao captar o interesse difuso no assunto e estimular projetos de pesquisa que, pouco a pouco, passaram a inspirar dissertações de mestrado e, com o passar dos anos, teses de doutorados sobre os temas mais diversos.

Nessa época, a professora Tânia Fischer – que eu havia conhecido em Paris, durante o doutorado, por iniciativa do amigo Paulo Guimarães –, coordenava um programa de pesquisa na Bahia sobre poder local, que buscava sublinhar a relevância da cultura afro-brasileira para a constituição da sociedade. Tive a oportunidade de participar das bancas de mestrado de Marcelo Dantas, que pesquisou o Olodum; Genauto Carvalho de França Filho, que se debruçou sobre a história do mosteiro de São Bento; Juvenilda, que estudou o programa "Cidade Mãe", implantado pela prefeita Lídice da Matta; e Cida Ferraz, que detalhou a relação entre o Ilê Aiyê e os veículos de imprensa.

Fiz grandes amizades na Escola de Administração. A primeira delas foi Maria Geni Santo, militante do Movimento Negro Unificado, uma das principais lideranças que contribuíram para eleger deputado federal Luiz Alberto, o Luiz Operário. Ela me acompanhava e orientava sobre como agir naquele ambiente estranho e adverso para uma professora doutora negra, a única em quinze anos que ali estive. Geni é até hoje uma amiga preciosa.

Foi quando também conheci dona Regina Pondé, secretária decana, e a professora Neyde Marques, interlocutora frequente. Nossos encontros eram diários. Juntou-se ao grupo Anaélia Regina Almeida Silva, que se formara em Secretariado na mesma Escola de Administração e já ocupava o cargo de secretária executiva. Regininha é uma moça jovem, competente, responsável e comprometida com o trabalho e com as pessoas. Antes mesmo de me conhecer, num gesto de gentileza, se dispôs a digitar o conteúdo da aula didática que apresentei no concurso, pela qual recebi nota dez – na prova escrita, tirei nove, e no memorial, oito, se bem me recordo.

Depois de eu ter peregrinado de um canto a outro, dona Regina, entre tantas gentilezas, conseguiu-me uma sala, com meu nome na porta. Também guardo a melhor lembrança de alunos e alunas que me estimulavam a melhorar a cada dia mais como professora, na tentativa de contribuir para a formação das pessoas que me eram confiadas. Foram muitos os que se dedicaram às minhas disciplinas com excelentes resultados, na compreensão dos procedimentos de pesquisa e na construção social do conhecimento que propunham as disciplinas Antropologia das Organizações e Pesquisa Aplicada à Administração, de minha responsabilidade.

Em 1995, fui convidada pela amiga Nilza Sacramento a participar do I Festival Brasil-Dinamarca, em Copenhague, para representar a Associação Cultural Bloco Afro Ilê Aiyê. Sucesso absoluto.

Certo dia, na rodoviária de Salvador, encontro Joseania Miranda Freitas – hoje professora na Faculdade de Ciências Humanas da UFBA –, recém-chegada da Espanha, que me fala de Amélia Conrado. Joseania me propõe, então, orientar o trabalho de mestrado dela e de Amélia. A princípio, fiquei receosa – havia concluído há pouco o doutorado e pedi um tempo para me preparar.

Fato é que, formalmente, Amélia foi minha primeira orientanda na UFBA. A ela, seguiram-se Jussara Nascimento, Maria do Carmo Araújo, Narcimária do Patrocínio Luz, Maria Durvalina Cerqueira dos Santos, Elias Lins Guimarães, Ana Célia da Silva, Iani Petrovitch Gouveia, Nanci Helena Franco, Augusto Cardoso.

Tornei-me amiga de Amélia e, na defesa de sua dissertação de mestrado, que tinha o tema "Educação e Dança Étnica", inauguramos a tradição de ilustrar a apresentação com participação do público presente. Dandha, que na época era titular do grupo de dança do Ilê Aiyê e hoje dirige um grupo de música afro nos Estados Unidos, levantou-se e iniciou os primeiros passos. Adelson, músico do Ilê, cantou Deusa do Ébano II.

Foi por essa época que ganhei a fama de proteger meus alunos. Era uma meia verdade. Sempre protegi, sim, meus alunos e alunas, mas não por condescendência com qualquer um deles. Queria compartilhar o que eu modestamente tentava apreender do mundo, contribuir para que ampliassem seus conhecimentos. Cuidava não apenas da aprendizagem e formação pessoal, desejava que se tornassem pessoas melhores e intelectuais competentes, e consegui em grande parte.

Nunca dei uma nota imerecida, injusta ou graciosa a nenhum estudante em nenhum dos níveis com os quais trabalhei em minha vida, por respeito a mim e a eles.

Hoje percebo que tive muita sorte em meu processo de formação. Foram muitas as pessoas que contribuíram para desabrochar em mim a pessoa que me tornei. Era gente que eu admirava, prestava atenção, ouvia para me exercitar. Claro que errei muito – e ainda erro muito, pois meu coração é maior do que a capacidade dos meus nervos. Mas sempre procurei ser honesta comigo e minhas convicções.

Certa vez, numa avaliação dos professores feita pela UFBA, um ex-aluno meu escreveu:

— Ela não sai da sala enquanto percebe que um aluno ainda não compreendeu o conteúdo de sua aula.

Aquilo me deixou feliz. Mostrou que minha tentativa de compartilhar o que eu sabia havia sido notada. Ao longo de toda a minha vida acadêmica, fiz um esforço enorme para me tornar uma professora competente, responsável e amiga de meus alunos.

Fui feliz naquele tempo, até que o desejo de continuar os estudos fez com que eu abrisse mão da remuneração na UFBA e embarcasse para Londres, Inglaterra, para estudar um pouco mais na School of Oriental and African Studies, SOAS.

Inglaterra – África do Sul

Passei os primeiros dias em Londres em casa de minha amiga Shoa Ashaha. Em seguida, fui morar com Threhas, uma moça da Eritreia. Passado algum tempo, aluguei um quarto em uma casa em Wood Green, onde vivi em um sistema que os ingleses chamam de *share*, o mesmo que compartilhado. Morei um ano naquele endereço, até 1999. O proprietário era Mr. John Guy, que saía pontualmente às sete da manhã para retornar às sete da noite, de segunda a quinta-feira. De sexta a domingo, ele viajava para a casa de praia, onde encontrava a família. Ficávamos apenas eu e Isa, uma moça alemã que compartilhava conosco o espaço.

Nunca nos encontrávamos. Cada um preparava seu próprio jantar – eu, de 17 às 19h; Mr. John, de 19 às 21h; e Isa, a partir deste horário. Ao receber minhas amigas, preparava recepções e convidava Isa para estar presente.

Diariamente, eu embarcava no metrô da Turn Park Lane e saltava próximo a SOAS. Bastava caminhar alguns minutos para estar em sala de aula.

Às vezes, aos sábados, visitava magazines para me distrair ou comprar algo que me faltava. Conheci pessoas de países diferentes, frequentei casas religiosas, seminários e conferências sobre religião africana. Por meio de Makeba, cheguei ao pai de santo Adelekan, que promoveu um seminário internacional para o qual fui convidada a falar. Minha exposição começou exatamente às duas da manhã – naquele tempo, na Europa, as pessoas que moravam nos subúrbios não tinham como voltar para casa antes do primeiro metrô, às cinco da manhã do dia seguinte; por isso, as reuniões se estendiam durante toda a noite e misturavam diferentes culturas; felizmente, meu inglês deu conta do recado e todos compreenderam e apreciaram.

Na mesma época, voltei a estudar a língua inglesa com uma professora adorável, que comemorou o encerramento do período com uma festa em sua casa, a única que conheci em Londres.

Naqueles dias, voltei a Copenhague, outra vez a convite de Nilza Sacramento, para participar do II Festival Brasil-Dinamarca e receber o prêmio de melhor conferencista da primeira edição. O tema de minha conferência desta vez era "O Candomblé – uma religião de origem africana na Bahia".

A School of Oriental and African Studies, braço da London University, fica num lugar bonito, amplo, e oferece os mais diversos cursos em Antropologia, Sociologia, África e Ásia. Dei preferência à Antropologia e Religiões Africanas. Dividia o tempo entre as aulas e a excelente biblioteca – anexas, havia também uma livraria repleta de referências para o estudo e uma papelaria onde me abastecia de cartões-postais e papéis de carta especiais, bem ao meu gosto e prazer.

Às quartas-feiras, uma sala era reservada a mim no Centro de Estudos Africanos. Também conheci o professor Brenner e seus disputados seminários sobre África e Brasil, que eu fazia questão de acompanhar.

A SOAS foi uma segunda casa para mim. Ali tive a oportunidades de ler obras clássicas e contemporâneas de autores conhecidos e outros que ainda ignorava. E melhor: desta vez, sem a obrigação de cumprir conteúdos de grades curriculares, preparar trabalhos e escrever uma tese. Minha única preocupação era aprender.

Pesquisei a cultura Tsonga-Shangani, da África do Sul. Visitei centros de estudo e pesquisa, museus, bibliotecas e estive no bar onde Karl Marx lia e escrevia – segundo consta, naquelas mesas ele teria rascunhado trechos de *O Capital*. Era um estabelecimento próximo ao Museu de Londres, que guarda grande parte da cultura egípcia.

No Departamento de Estudos Africanos conheci a professora Nana Wilson, de Gana. Com ela participei de um seminário de estudos de Antropologia Africana na Universidade de Cambridge.

Visitei o Centro Africano Brasileiro de Estudos e Pesquisa, em Cambridge, e a London School of Economics, onde encontrei a professora Deborah James, estudiosa do povo Tsonga-Shangani, de quem recebi as únicas orientações que, semanas depois, me levaram à África do Sul.

Da Inglaterra segui para a África do Sul, onde prosseguiria os estudos para realizar a pesquisa "Saberes ancestrais do povo Tsonga-Shangani na vida cotidiana". Saí de Wood Green bem cedo, com toda a minha bagagem de sempre. Aconselhada por Mr. John, deixei parte em casa de Shoa. Era muita coisa. Durante um ano inteiro em Londres, reuni um pouco de tudo – livros, papéis, roupas, presentes. Um táxi me levou ao aeroporto de

Gatwick, onde embarquei para Johannesburgo. Antes de entrar no avião, tive ainda que deixar mais uma parte do que trazia comigo para trás e cheguei a implorar para levar um livro a tiracolo.

Nilza Sacramento pediu a uma amiga, Simone, para me receber em sua casa na Turquia, onde o voo faria uma escala antes de seguir para a África do Sul. Em Istambul, fomos a uma festa promovida por Célia e seu marido, funcionários da Embaixada do Brasil na Turquia – tive a oportunidade de reencontrá-los tempos depois, no Congresso de Intelectuais Africanos do Continente e da Diáspora, promovido pelas Nações Unidas, em Salvador, quando também revi Bayago, meu colega na EHESS, e conheci Madame Jacqueline Ki-Zerbo, que me pediu para levá-la à loja em que eu havia comprado o vestido que usava na ocasião – um "bubu" de caça bordado branco. Levei-a à Didara by Goya Lopes, no Pelourinho, onde comprou tecidos lindos para a filha e a nora e eu a presenteei com uma linda estamparia, design de Goya Lopes, artista plástica baiana, reconhecida internacionalmente pela qualidade de seu trabalho.

A África do Sul tem oficialmente nove povos e nove línguas – Xllosa, Zulu, Swazili, Venda, Soto do Norte, Soto do Sul, Ndembele, Pedi, Shangani/Tsonga. Ao desembarcar no aeroporto de Johannesburgo, não sabia onde ficaria hospedada em Pretoria. Ainda na Inglaterra, o professor Massine Sozinho me havia recomendado um hotel próximo ao Palácio do Governo, sede administrativa da África do Sul, então presidida por Nelson Mandela.

A indicação era um tanto incompleta. O professor Massine não lembrava exatamente o nome do hotel – ele sabia apenas que terminava em "antes". Minha sorte é que uma senhora sul-africana, minha companheira de viagem da Turquia para a África do Sul, ofereceu-se para levar-me até Pretoria – as forças do bem estavam ao meu lado mais uma vez. Ao chegar ao meu destino, finalmente encontramos o Hotel Riantes. Lá expliquei porque estava ali e ensinaram-me o caminho da University of South Africa, UNISA, onde iria passar uma temporada de estudos.

Já no dia seguinte dirigi-me ao Departamento de Letras e me encontrei com Mrs. Elsie Cox, secretária do Departamento de Línguas Africanas e minha orientadora desde que pus os pés na UNISA. Mrs. Cox foi meu anjo guardião, minha estrela guia naqueles meses que passei na África do Sul. Logo ela se dispôs a me ajudar a procurar um lugar para morar. Solicitou, então, uma carta da UFBA para que eu tivesse direito à moradia em Avondale, um prédio que pertencia à Unisa. Uma pequena maravilha! Além de bonito e aconchegante, o apartamento era mobiliado e, melhor, próximo da universidade, para onde eu ia todos os dias a pé. Tive a oportunidade de dividi-lo com Katy Kan, professora indiana recém-chegada de Durban, que estava ali a convite do Departamento de Comunicação.

A professora Jill, do Departamento de Antropologia, convocou uma reunião para que eu fosse recebida e apresentada – um registro desse encontro foi publicado na revista da universidade. Com o passar dos dias, conquistei meu espaço na Unisa. Logo já tinha minha própria sala – um pequeno espaço na biblioteca, com telefone e computador, para me corresponder com meus orientandos no Brasil. Deu certo!

Minha sala ficava ao lado do museu do Departamento de Antropologia e Arqueologia. Ali eu guardava meus livros e fotocópias. Anexa, a sala de arquivos armazenava trabalhos raros sobre o tema que eu pesquisava: o povo Tsonga-Shangani.

Sempre que me vi fora do Brasil para estudar, fiz das bibliotecas das universidades meu local de trabalho. Estudava o dia inteirinho. A satisfação de alimentar minha alma com novos saberes, novas experiências, era enorme.

Realizei minha pesquisa de campo orientada pela antropóloga Petra Terblanche, na região de Gyani – lugar de origem do povo Tsonga-Shangani, onde visitei pessoas, entidades, universidades e museus, na companhia de minha equipe e de um grupo de consultores a que também tive acesso. De origem alemã, Petra se dedica ao estudo daquela cultura há vários anos. Contei também com a colaboração de estudantes da universidade, do diretor do museu da região e de uma agente comunitária. Pude ouvir professores, museólogos, diretores de museus, agentes sociais de comunidades e autoridades, entre as quais, chefes religiosos.

A UNISA foi uma dádiva que me foi concedida pela vida no período em que vivi na África do Sul. Ali contei com todo o apoio dos chefes de biblioteca e bibliotecárias para realizar minha pesquisa. A UNISA me deu a feliz oportunidade de ver de perto Nelson Mandela, a realização de um sonho, na cerimônia de posse do novo reitor – um presente dado por Mrs. Elsie, que me conseguiu um lugar na galeria dos professores, no salão nobre. No auditório se encontravam alunos, funcionários, professores e visitantes. Subitamente, todos se levantaram e começaram a entoar o hino à família Mandela – na África do Sul, toda família tradicional tem seu próprio hino de louvor. Discretamente, Nelson Mandela adentrou o salão, vestido com a toga da Congregação de

Professores e um *capilo*. A multidão exultou ao vê-lo. A felicidade por viver aquele momento foi indescritível. Todos cantavam, exultantes. Mandela agradecia, saudava, mas o canto não conseguia parar. Foi uma verdadeira apoteose, da qual a vida me deu o direito de participar, de ver de perto. Salve, Mandiba!

Em Avondale também conheci Abenziwe M'Bungana, a zeladora, de quem quis saber a origem do nome. Ela, então, explicou:

— Quando nasci, pessoas da família perguntaram: Quem é esta criança?

Alguém, então, respondeu:

— É uma menina.

Voltaram a perguntar:

- Por que não veio um menino?

Sua mãe disse:

— Não posso decidir por mim mesma. É Deus quem decide e fez uma menina. Essa foi a vontade Dele.

Abenziwe, portanto, significa: ela é a vontade de Deus - disse-me a própria. Por sugestão dela, fui recebida em casa da família Maghesa M'Bungana. Tudo estava preparado para a minha chegada. Um portador me esperava na estação com uma bandeira na qual se lia: Professora Siqueira. Seguimos, então, para a casa de Letie, onde a família reunida me esperava. Todos da nação Ndembele. O ambiente estava inteiramente decorado. Além das paredes, forradas de tecido, inscrições indicavam os serviços - aperitivo, almoço, sobremesa. Assim se recebe na África do Sul. Naqueles dias também visitamos a casa da mãe de Abenziwe, Adelina.

Cada membro da família me ofereceu um presente – um retrato de Mandela, que tenho até hoje na sala de minha casa; o môrrôgô, uma planta que lembra a vinagreira, legume só encontrado no Maranhão; um chinelo que conservo até hoje; uma vasilha em cerâmica e um guarda prato decorado com contas coloridas.

Antes de meu retorno a Pretoria também estive em casa da senhora M'Longo, à época aos 77 anos. Foi ela quem me levou à cidade de Mamitwa e apresentou-me ao Chief Mamitwa, governante local:

— Ela é do Brasil, é professora e está estudando os saberes da cultura Tsonga. Veio de Gyani para ficar conosco alguns dias.

Cumprimentei-o, enquanto vi entrar a senhora Christine, sua esposa. Em seguida, uma a uma, pessoas se aproximaram para me saudar, sem pressa, como manda a tradição. Senti-me em casa com aquelas pessoas.

Em visita à universidade criada especialmente para negros, em Louis Trichard, encontrei Catlin Evans, que havia conhecido em uma pousada para professores e estudantes em Pretoria. Percorremos o campus e visitamos feiras e mercados. Depois disso, viajamos juntas e trocamos muitas informações. Nunca mais tive notícia dela e espero revê-la um dia, preferencialmente no Brasil.

Ao todo – entre estudos, viagens e pesquisas –, fiquei dois anos fora. Petra preparou minha festa de despedida de Gyani, um ritual que misturou história, cultura e culinária típica. Quando voltei ao Brasil, para retomar as aulas na UFBA, um novo século se iniciava.

Curiosamente, embora tivesse somado os cinco anos de experiência na UFBA a dois cursos de pós-doutorado em duas grandes universidades, perdi a Gratificação por Esforço Docente por um ano. Fui dispensada do programa de mestrado/doutorado e das aulas no Núcleo de Pós-Graduação em Administração, mesmo sendo professora adjunta concursada.

Ironia do destino, apesar de todo o esforço feito entre os anos de 1992 e 1997 – quando coordenei o Núcleo de Cultura e Diversidade Étnico-Racial e contribuí para o ingresso e formação de inúmeros mestres e doutores – e após ter estudado muito, pesquisado, coletado material e trazido novas referências e reflexões com base em matrizes do pensamento clássico e contemporâneo nos dois cursos de pós-doutorado feitos na Inglaterra e na África do Sul, a acolhida em minha volta ao Brasil não se deu conforme eu imaginava.

Perdi também minha sala no terceiro andar, onde ficavam os professores-pesquisadores dos cursos de pós-graduação, que compartilhava com os colegas Amilcar Bairdi e Paulo Guimarães. Para minha surpresa, vi descerem do NPGA meus livros e documentos. Aquela era a retribuição dada pela UFBA aos dois anos que passei no exterior, sem vencimentos, para aprimorar meus estudos.

São Luís

No instante em que escrevo estas linhas, estou de frente para uma janela, de onde avisto a chuva cair sobre as árvores próximas a um rio, que me faz lembrar o Itapecuru de minha infância e adolescência em Codó. A melodia da chuva é encantadora. A natureza conforta minha alma com sua serenidade e beleza. Nem o mundo é capaz de me desencantar.

Era tão bom apreciar as pessoas saltando para dentro d'água, nadando felizes no Itapecuru. Tantas vezes minha mãe e eu nos banhamos ali. Ela lavava nossas roupas na beira do rio e, de vez em quando, entrávamos na água. Com minha mãe eu me sentia tão segura. Nada podia me acontecer. Ela me protegia de qualquer perigo. Palavras nem eram necessárias – o zelo era tão natural.

Hoje o Itapecuru está assoreado e praticamente seco, mas o rio que trago em minha memória nunca hei de esquecer. Como jamais esqueci minhas origens, por mais que as chances de ganhar o mundo tenham surgido e eu as tivesse aproveitado. Nunca tive tempo para tristezas e sempre soube para onde ir.

— Quando não tem um lugar para ir, você inventa – ainda brinca minha amiga-irmã Maria Ruth Muniz.

Retornei aos Estados Unidos no ano 2000, para participar do Seminário Raça e Democracia, na Universidade Sacramento, na Califórnia. Aproveitei para visitar São Francisco e estiquei a viagem a Nova York, para reencontrar Maria Benedita Moreira, sobrinha querida, que, ao votar em Barack Obama pela primeira vez, dedicou o gesto à família Moreira. A chegada à casa de Bené em Nova Jersey foi uma alegria. Relembramos a Matinha, os Matões, São Raimundo. Aproveitei para conhecer o Bronx e o Harlem, bairros que concentram populações de origem africana.

Por aqueles tempos, fui membro da Diretoria de Estudos, Pesquisas e Projetos da Fundação Cultural Palmares e participei da construção do primeiro projeto de bolsa de estudos para alunos negros, com vistas à preparação para o processo de seleção do Itamaraty. Foi quando também criamos o Conselho Científico Palmares-CNPq, um fórum de intelectuais negros, e tomei parte na direção da Associação de Professores Pesquisadores Negros da Bahia.

Em 2002, estive novamente em Benin, no Encontro Internacional de Agudas. Dois anos depois, fui a Addis-Abeba, como convidada do I Encontro Mundial de Diálogo Inter-Religioso, promovido pelo Conselho Mundial das Igrejas na Etiópia. Que bom rever a África!

Gosto de gostar das pessoas. Elas sempre me enriquecem a alma, a vida. Tenho prazer em aprender com as experiências daqueles por quem tenho respeito e confiança. Ouço cada palavra. Tudo é importante para mim.

Foi assim que reagi quando, certo dia, Conceição Raposo, minha companheira desde os tempos do MEB, me disse:

— Tu precisas ter uma casa em algum lugar. No Maranhão, na Bahia, no Rio de Janeiro, onde queiras.

Àquela altura, eu já não lecionava mais na UFBA – me aposentei compulsoriamente em 2007. Foi quando Conceição me disse que seus filhos estavam comprando um apartamento na planta em um prédio na Ponta do Farol, em São Luís.

— É uma oportunidade – sugeriu.

Pude, então, me estabelecer onde vivo hoje, entre a Ponta de Areia e o Calhau.

Em minha volta, fui recebida com uma festa – um encontro de toda a família Siqueira em casa de meu primo-sobrinho José de Ribamar. A este se seguiram outros, dos quais não me esqueço.

O acolhimento no Centro de Cultura Negra e no Akomabu, na Escola de Capoeira Mandingueiros do Amanhã, no Grupo de Mulheres Mãe Andreza, e o reencontro com o babalorixá Euclides Talabyan na Casa Fanti Ashanti, por exemplo, reenergizaram minha identidade negra maranhense. Assim como o encontro com dona Rosinete, Iyalorixá do Terreiro de Mina de Santa Luzia, na Vila Embratel, em São Luís. Com todos eles ganho muito em reflexão, conhecimento, definição de minha identidade e segurança do meu pertencimento étnico-racial, que me fez ser convidada, em 2015, para integrar – junto com o amigo e professor Kabengele Munanga – o Conselho Nacional de Promoção da Igualdade Racial, CNPIR, colegiado vinculado à Secretaria de Políticas de Promoção da Igualdade Racial, Seppir, da Presidência da República.

Ali reencontrei Ronaldo Crispim de Sena Barros, companheiro da Comissão Executiva Nacional do MNU nos anos 1980, um filho de Orixá, companheiro de luta por uma sociedade mais justa e igualitária, sem racismo ou preconceitos.

Na cerimônia de posse, fiz questão de usar o casaco azul que comprei no México, em companhia da querida Eloína Rivas de La Torre, e um belíssimo colar de miçangas em branco transparente e amarelo ouro, presente de Nilza Sacramento, como forma de registrar sua presença. Pouco antes, a convite de sua filha-sobrinha Virgínia, que se formou pedagoga na UFBA e concluiu doutorado na Universidade dos Alpes, estive em Grenoble, na França, para participar de uma mesa-redonda sobre movimentos sociais no Brasil.

Em abril de 2015, também tive a felicidade de voltar à Costa Rica, desta vez convidada pelo professor Carlos Morera Beita, vice-reitor de Investigações da Universidade Nacional, Una, para participar de uma mesa-redonda sobre populações afrodescendentes.

Quando revi as luzes de San José, me senti como se estivesse em minha própria terra. Fui recebida pelos professores Carlos Morera e Ricardo Dixon, que do aeroporto me levaram ao hotel Bougainvilea, lugar paradisíaco, encravado numa área imensa, cujas árvores, flores e plantas compõem um colorido impressionante. Visitei o Centro Cultural de Artes – meu passeio preferido em San José – e jantei com os amigos em La Casona de La Tierra. No dia seguinte, apresentei minha conferência na Una, onde revi o professor Quince Duncan e conheci Carmen Castro – um encontro singular. Uma saudação especial ao professor Quince Duncan, coorientador da minha dissertação de mestrado. Quince Duncan é professor da Universidade Nacional da

Costa Rica, escritor reconhecido e, hoje, representante nacional de Costa Rica na Organização dos Estados Americanos. Autor de uma dezena de livros sobre identidade negra e a luta contra o racismo.

Naqueles dias, a convite da Faculdade de Sociologia das Religiões, tive a oportunidade de, mais uma vez, expor as lutas do movimento negro brasileiro, especialmente contra o extermínio de jovens cuja condição social os empurra para o tráfico e a violência. Reafirmei a necessidade de combater o racismo e a importância fundamental das ações afirmativas, entre as quais as cotas para ingresso em universidades, o enfrentamento da intolerância religiosa, a batalha contra a homofobia e, finalmente, a busca de liberdade do povo negro, por meio da consciência e da valorização da própria identidade.

Outra alegria foi ter reencontrado a professora Silvia, que conheci nos primeiros tempos do Movimento Negro Brasileiro Contemporâneo e hoje é diretora do Departamento Ecumênico de Investigação da Una. Revivemos a antiga e aguerrida militância, quando se travavam as primeiras batalhas pelo reconhecimento das religiões de matriz africana pela Igreja Católica e no interior do próprio movimento negro, então, dividido entre tendências, algumas das quais ainda não compreendiam que a dimensão política só se efetiva a partir do lastro cultural de um povo – é a cultura que delimita crenças, valores e opções político-ideológicas. Ao fim do encontro, quando pediram de cada participante uma palavra, não hesitei.

— Esperança!

A que o professor Dixon acrescentou:

— Resistência!

Que os Orixás, Inquinces, Voduns, Caboclos, Encantados, que me direcionam hoje e sempre, deem-me força vital e inspiração para seguir meu caminho.

Axé!

Saudação aos Orixás

Ore yêyê ô, Oxum. "A mãe que tem a força de transformar água de pote em remédio" (Ogan João Antonio dos Santos do Terreiro Bate-Folha). As águas são o seu domínio, águas doces dos rios, riachos, lagoas, cascatas, cachoeiras, olhos d água. É com essa força que ela assegura o dom da fecundidade, da beleza interior, da riqueza imaterial. É uma inteligência que articula arte e sabedoria. Ela cria, recria, recebe, transmite uma energia protetora, acolhedora, que fortalece e torna reluzentes os que nela acreditam. É o dom da arte, da criação, da beleza – a bênção, minha mãe.

Kabiesilê, Xangô. A entidade que se faz representar pelos raios e trovões, incorporado em pessoas a ele destinadas e sobre objetos rituais consagrados por palavras e gestos de hierarquias confirmadas para assumir esse destino. Todas estas forças ancestrais são reificadas em Xangô – rei entre os donos do universo. Ele tem a sabedoria da ancestralidade que carrega, é poderoso, ágil, domina os astros, os raios e os trovões, é portador de uma beleza transcendente e uma inteligência extraordinariamente dinâmica. A bênção Xangô Aganju, que habita e governa a cabeça do Babalorixá Obaraym, Sr. Balbino Daniel de Paula – meu Pai de Santo, que me confirmou Ekede em 1975.

Odôyá, Yemanjá. Bênção, senhora dona do mundo, minha mãe. Para o povo Yorubá, Yemanjá é a mãe suprema de todos os Orixás, considerada a mãe por excelência. A imagem que a representa é a Rainha do Mar, com seu domínio sobre as águas salgadas dos mares e oceanos, uma bela mulher com calda de peixe, seios volumosos, abrigadores, que acolhem, amamentam, sustentam o corpo e a alma de suas filhas e filhos.

Epababá, Oxalá. A bênção, meu pai Oxalá. Pai de todos os Orixás, que apazigua a todos com o seu Apaxorô, o símbolo da paz. Oxalufan, o velho, a paz, a harmonia, e Oxaguian, o jovem guerreiro, a dinâmica do tempo, que transita em todos os espaços, entre jovens e velhos, símbolo de criação, renovação, busca de novos caminhos, com seus passos muito harmoniosos que todos acompanham. Cobertos em um extenso lençol branco de algodão, simbolizando a discreta realidade dos portadores de sabedorias ancestrais e domínios dos mundos material e imaterial, visível e invisível, a inteligência criadora, que participa da herança de um continente berço da humanidade.

Laroyê, Exu Lonan. A bênção, meu pai Exu. O mensageiro que articula as dimensões dos dois mundos, Aiyê e Orun, atravessando e abençoando as encruzilhadas, necessárias à complexidade do atravessar, das escolhas, das novas e diferentes dimensões apontadas no cotidiano da vida. Exu Lonan!

Logun Edé. A bênção, meu pai Logun Edé. O príncipe que traz uma dinâmica de saberes ancestrais múltiplos e diversificados, entre Oxum e Oxossi. A beleza, a riqueza, a juventude, o trabalho, a caça, a inteligência, a dimensão da comunidade, a altivez, a elegância do porte e do caminhar.

Eparrei Oyá, salve Yansã. A bênção, Yansã, rainha dos ventos e das tempestades. A bênção, Oyá Keubé, dona da cabeça da Egbome Sofia Maria dos Prazeres, minha mãe pequena da obrigação, que me doou a dígina de Oxum, Demin, Ekede de Xangô Aganju.

Oxossi. O rei da caça. Okê Arô! O orixá da Iyalorixá Stella de Azevedo Santos, que é a mãe zeladora do Ilê Axé Opô Afonjá, casa de origem do Ilê Axé Opô Aganju. Oxossi é o brilho que ilumina o caminho da caça, do encontro, da sabedoria da renovação da comunidade pelos ancestrais.

Ogum – Ogunhê! A bênção, meu pai Ogum. Divindade que, junto com Xangô, é o orixá do meu Pai de santo. Aquele que domina a Ciência e a Tecnologia, transformando o ferro, apontando caminhos.

Atôtô, Obalwayê, Omolu. O orixá da saúde. O pai do Ilê Axé Jitolu, onde nasceu o Ilê Aiyê – primeiro bloco afro do Brasil. A bênção, meu pai Obalwayê. Orixá de Mãe Hilda Jitolu.

Aroboboi, salve Oxumaré. Orixá representado pela cobra e pelo arco-íris. Peço sua bênção, ao pai que encaminha o trânsito da minha cabeça, com a força da cobra e a beleza do arco-íris.

Salobá, salve, salve minha mãe Nanã, a mais velha de todos os Orixás, responsável pelo equilíbrio da alma. Nanã me ensina, me guia, me orienta na minha já longa caminhada.

Ossayn – Ewê. A bênção Ossayn, que domina o poder e a força das folhas que fortalecem corpo e cabeça de toda a família de santo de todas as nações. Sem folhas não há Candomblé.

Ewá. A bênção pelas águas doces, pelos campos, pelo domínio da natureza plantada.

Obá. A bênção, orixá feminino, que compartilha com as divindades responsáveis pela inteligência.

Irocô. A bênção, orixá, árvores guardiãs centenárias das casas das forças e poderes de toda a ancestralidade africana, nossa herança, nossa origem, nossas raízes.

Ibejis. Orixás crianças, memórias e meninos que trazem a alegria da sabedoria dos ancestrais. Pureza, espontaneidade, singeleza, com poderes transcendentes.